CAMINHANDO PELA PSICANÁLISE

Série Escrita Psicanalítica

Clínica psicanalítica: testemunho e hospitalidade, de Marcio Giovannetti
Alma migrante, de Plinio Montagna
Uma imagem do mundo: realidade e imaterialidade, de Walter Trinca
A posteriori, um percurso, de Marion Minerbo
Passado e presente, de Ana Maria Andrade Azevedo
Psicanálise: de Bion ao prazer autêntico, de Cecil José Rezze
Análise, teimosia do sintoma e migração, de Daniel Delouya

Blucher

CAMINHANDO PELA PSICANÁLISE

Myrna Pia Favilli

Série Escrita Psicanalítica

Coordenação: Marina Massi

Organização do volume

Beatriz Helena Peres Stucchi e
Maria Celina Anhaia Mello

Caminhando pela Psicanálise
Série Escrita Psicanalítica

Editora Edgard Blücher Ltda.

Publisher Edgard Blücher
Editor Eduardo Blücher
Coordenação editorial Jonatas Eliakim
Produção editorial Bárbara Waida
Preparação de texto Ana Maria Fiorini
Diagramação Negrito Produção Editorial
Revisão de texto MPMB
Capa Leandro Cunha
Paleta de cor da capa Helena Lacreta

Blucher

Rua Pedroso Alvarenga, 1245, 4º andar
04531-934 – São Paulo – SP – Brasil
Tel.: 55 11 3078-5366
contato@blucher.com.br
www.blucher.com.br

Segundo o Novo Acordo Ortográfico, conforme 5. ed. do *Vocabulário Ortográfico da Língua Portuguesa*, Academia Brasileira de Letras, março de 2009.

Dados Internacionais de Catalogação na Publicação (CIP)
Angélica Ilacqua CRB-8/7057

Favilli, Myrna Pia
Caminhando pela psicanálise / Myrna Pia Favilli ; organização do volume : Beatriz Helena Peres Stucchi, Maria Celina Anhaia Mello. – São Paulo : Blucher, 2021.
260 p. (Série Escrita Psicanalítica / coordenação de Marina Massi)

Bibliografia
ISBN 978-65-5506-187-1 (impresso)
ISBN 978-65-5506-183-3 (eletrônico)

1. Psicanálise. 2. Psicanálise infantil. 3. Psicanálise do adolescente. 4. Psicanálise – Formação. I. Título. II. Massi, Marina. III. Stucchi, Beatriz Helena Peres. IV. Mello, Maria Celina Anhaia. V. Série

21-2484 CDD 150.195

Índice para catálogo sistemático:
1. Psicanálise

In memoriam

Amazonas Alves Lima

Arakcy Martins Rodrigues

Sonia Curvo de Azambuja

companheiras de caminho

Sobre a Série Escrita Psicanalítica

O projeto de uma série com livros de autores da Sociedade Brasileira de Psicanálise de São Paulo (SBPSP) é fruto da pesquisa de doutorado *Trinta anos de história da Revista Brasileira de Psicanálise: um recorte paulista*. Nessa tese, abordei os artigos publicados na revista, de 1967 a 1996, por psicanalistas da SBPSP.

Entre os vários aspectos que pude observar, destacou-se a necessidade de organizar a produção psicanalítica dessa instituição, de seus primórdios aos dias atuais, divulgada em revistas especializadas, atividades científicas ou aulas ministradas nos institutos de formação, com influência sobre diversas gerações de profissionais ligados à International Psychoanalytical Association (IPA).

A Série Escrita Psicanalítica tem justamente a ambiciosa proposta de reunir, organizar, registrar, publicar, divulgar e consolidar a produção dos pioneiros e das gerações posteriores da SBPSP. Busca também retratar, para a própria instituição, o que nela foi construído de importante desde a sua fundação. Conta, assim, a história da SBPSP pelo veio da produção e da criação psicanalítica.

Esta série lança um olhar para o passado, pois organiza o que de melhor já foi feito, e um olhar para o futuro, pois transmite a fortuna da SBPSP não só como memória, mas como um importante material de estudo para os diferentes institutos de formação psicanalítica e cursos de pós-graduação no Brasil, além de para o público interessado.

Ao promover uma leitura da história das ideias psicanalíticas – uma leitura crítica, comparada – e, ao mesmo tempo, permitir que os psicanalistas aqui apresentados sejam considerados enquanto autores, produtores de ideias e teorias, a série possibilita sair do campo transferencial institucional e passar ao campo das ideias, da reflexão, do debate, para além da pessoa do psicanalista.

A ciência e a arte necessitam de organização (ou curadoria) da contribuição que o ser humano foi e é capaz de oferecer. Espero que esta série cumpra o objetivo de ser a história das ideias de muitos colegas brasileiros no âmbito da IPA, alguns infelizmente não mais entre nós, outros ainda em plena produção.

Marina Massi

Coordenadora da Série Escrita Psicanalítica

Sumário

Momentos de gratidão

À Faculdade de Filosofia da Universidade de São Paulo (USP), na rua Maria Antônia, e à Sociedade Brasileira de Psicanálise de São Paulo (SBPSP) pela liberdade de pensar e pelas experiências de vida.

À minha família pelas múltiplas alegrias.

Aos colegas e amigos todos, como Marina Massi, Ana Maria Stucchi Vannucchi e Bernardo Tanis, que colaboraram nesta edição.

E principalmente a Beatriz Helena Peres Stucchi e Maria Celina Anhaia Mello, que com trabalho e dedicação se debruçaram sobre a escrita e, com carinho, organizaram este livro.

Prefácio

"Eu simplesmente acho que ser analista é uma escolha da qual você não pode escapar. Pode ser que você escolha ser analista, mas ser analista escolhe você", diz Myrna Pia Favilli em entrevista sobre a formação do analista publicada neste livro. Se escolho essas palavras para dar início a este prefácio, é porque revela um dos principais veios da escrita de Myrna e de seu modo de conceber a clínica psicanalítica.

O leitor encontrará nos textos que compõem este livro a narrativa em preciosas palavras sobre um vir a ser analista em permanente movimento, acompanhado de compromisso ético com a formação de novos analistas em um cenário de liberdade e criatividade, no qual não há lugar para dogmatismos. As vozes poéticas, tão presentes nos seus textos, evocam na maioria das vezes a imagem de uma viajante rumo à descoberta de novos territórios, munida de sua experiência, estudo e referências, mas acima de tudo da sua disponibilidade de acompanhar os que a procuram numa viagem psicanalítica na qual enfrentarão, ambos, curiosidade, desejos, turbulência e angústia, em direção a uma nova e desconhecida terra. A aventura psicanalítica encontra sustentação não em um ou outro discurso teórico, por mais cativantes que sejam, mas na apropriação e interiorização do método psicanalítico.

Alguns dos trabalhos publicados testemunham o seu próprio caminho trilhado, seu percurso de formação como analista que se inicia já com seus estudos de filosofia na Universidade de São Paulo (USP), onde certamente se plasma a convicção de que o conhecimento é algo em permanente construção. Certamente essa convicção a levou incessantemente a buscar uma diversidade de novos autores de outras latitudes, além do interesse pelas teorias de inspiração inglesa mais divulgadas naquele momento na Sociedade Brasileira de Psicanálise de São Paulo (SBPSP), sempre atenta à riqueza e à complexidade do psiquismo humano, que jamais poderiam ser reduzidas a uma única teoria, escapando assim de posições dogmáticas.

A psicanálise com crianças faz parte de sua rica trajetória, que serve como referente para seu aprofundamento sobre o masculino e o feminino, sobre a sexualidade infantil e as identificações, já naquele momento antecipando a atualidade dos debates sobre sexualidade e gênero.

Os cinco textos voltados para o tema que o leitor encontrará no livro revelam uma psicanalista inserida no mundo, no contexto social e político, buscando a apreensão do singular no "espaço-tempo da análise", que simboliza o espaço-tempo da nossa existência. Em seu texto "Reflexões sobre o tema: técnica de psicanálise de criança", revela com maestria a aventura de uma análise, na qual a palavra técnica é substituída por uma presença viva e criativa, fugindo de qualquer estereótipo.

Myrna Pia Favilli foi contemporânea de importantes analistas de crianças em São Paulo: Sonia Azambuja e Amazonas Alves

Lima. Além de compartilhar com elas a formação inicial em filosofia, foram sempre companheiras na transmissão, dentro da própria SBPSP, da perspectiva de uma formação psicanalítica autoral, na qual a livre escolha de seminários encarnava a diversidade do pensamento clínico aliado à busca dos modelos teóricos que mais poderiam auxiliar na compreensão de determinadas configurações clínicas.

A adolescência foi outro campo de interesse clínico-teórico da nossa autora. Aqui, Myrna, em muitos momentos de sua escrita e suas intervenções institucionais, retoma as contribuições de Armando Bianco Ferrari em *Adolescência, um segundo desafio*. Sustenta com Ferrari que a adolescência coloca desafios e demandas que não estão contemplados nos primeiros tempos da nossa existência.

Para Ferrari, ao adolescente se impõe uma questão sobre o ser: quem sou para mim mesmo e quem sou para os outros. A adolescência é precisamente o momento crítico no qual as intensidades novamente ganham expressão, o corpo se oferece à mente, desencadeando um processo turbulento e complexo. A dor mental é originada pelas demandas e transformações do seu mundo interior, pelo clamor do mundo exterior e pelas complexas emoções e sensações difíceis de conter e compreender. Em torno dessa experiência de turbulência emocional o adolescente constrói um universo defensivo singular para enfrentar momentos de pânico e angústia. Se me estendi um pouco neste ponto, é porque percebo a imbricação desse modo de compreender a adolescência com a preocupação da Myrna com o contexto social e cultural no qual vivemos. Myrna é sensível a um mundo em mutação, sua abordagem psicanalítica e da formação de analistas comporta esse espaço de transformação, sem aderir a normas rígidas; o rigor na sua clínica se encontra em outro lugar: no compromisso ético com acolher o sofrimento psíquico e com a criação do melhor contexto para que este possa ser transformado.

Sem me estender mais neste prefácio, prefiro deixar vocês com a vivacidade e atualidade do texto da autora.

Antes de me despedir, agradeço a Marina Massi, organizadora desta coleção, pelo convite para prefaciar este livro, à editora Blucher pelo patrocínio desta coleção de autores da SBPSP e principalmente a Myrna Pia Favilli, com quem muito aprendi sobre a generosidade, o amor à psicanálise e ao ser humano. Lembro de uma resposta que me deu uma vez que a indaguei sobre o que a SBPSP poderia dar aos seus membros, ao que ela me respondeu: "talvez você pudesse pensar na contribuição que você pode dar para a sociedade e a psicanálise". Recomendação que aposta no crescimento e autonomia!

Uma boa leitura!

Bernardo Tanis

Parte I

Os desafios da clínica: um analista construindo seu território

1. Um analista construindo seu itinerário[1,2]

No momento em que comecei a refletir sobre o meu vínculo com a psicanálise, com a clínica psicanalítica, e pensando imediatamente na relação analítica, ocorreu-me um dos vínculos mais fundamentais da existência humana, o casamento: a escolha de um destino, a dedicação a um propósito, a um desejo e o que a escolha de um trabalho, ou de uma profissão, significam na história de uma vida.

Fazem parte do vínculo matrimonial as tradições que propiciam uma união feliz. Uma dessas tradições diz respeito a certos objetos que a noiva traz consigo no momento do sim. É o símbolo desta magia que atualizo na minha trajetória na psicanálise: algo antigo, algo novo, algo emprestado, algo azul.

---

1 Uma versão deste capítulo foi publicada anteriormente em *Jornal de Psicanálise*, *46*(84), 27-37, 2013.

2 Aula inaugural do Instituto de Psicanálise "Durval Marcondes" da SBPSP, em 25 de fevereiro de 2013. Este texto representa uma síntese de minhas ideias sobre a clínica psicanalítica e sua relação com a formação e a cultura, cujo eixo central foi apresentado em vários eventos da SBPSP e no painel Reflexões Psicanalíticas, do XXI Congresso Brasileiro de Psicanálise, Porto Alegre, 2007.

Algo antigo

A clínica psicanalítica envolve, em seu interior, duas vertentes: primeiro, a formação analítica; segundo, a formação pessoal.

Fiquei em dúvida por onde começar. Mas seguindo os caminhos mais fáceis e mais simples, como é de praxe querer resolver os problemas humanos, falemos um pouco de nossa formação específica. Como veremos, a história se complicará espontaneamente. Todos nós, na busca de sermos analistas (curiosos da mente humana), nos deparamos com o saber da psicanálise. Freud nos captura, desde o início, com sua intensa busca de sentido para as dificuldades que sua clínica e suas pacientes lhe apresentavam. Paulo Francis dizia que a ópera e o balé eram artes cujo brilho era devido à performance das mulheres (as divas, por sua excelência), que faziam de um momento específico, perdido para sempre, algo de essencialmente fundador de sentimentos instigantes que provocam, nesse momento, revelações estéticas nunca antes sentidas.

Na psicanálise também. Alguém duvida do impacto das "*Belles Hystériques*" na obra de Freud? Estas mulheres adoeciam de paixão, paixão proibida, paixão edípica, como a quisermos chamar. Levantaram o problema do sintoma, da psique que se esconde por trás dos disfarces, da vida impedida de representação. Trago aqui Pirandello (1956) e seu *Sei personaggi in cerca d'autore*.

Para os que não se lembram da peça, Pirandello nos mostra (dentro de sua trilogia do teatro no teatro) um ensaio teatral no qual se encontram os funcionários do teatro, o diretor de cena e os atores. Eles são interrompidos, bruscamente, pela aparição dos seis personagens (o pai, a mãe, o filho, a enteada, o rapazinho e a menina que desejam representar seu drama). Foram deixados à deriva pelo autor, e necessitam representar seu drama que pulsa e deve ser exposto. Chamaremos estes personagens e suas histórias de cena pulsional, e chamaremos o diretor de cena e os atores de ego, que, para representá-los, devem configurar-se conforme as regras do teatro e fazer que está *representação* seja palatável à plateia. Devem fazê-los entrar na ordem do simbólico.

Começa a ficar claro que a dupla convergência de tornar-se analista se mistura. A história pessoal, com seus desejos e sublimações, se imiscui na formação e busca parâmetros nos quais situar sua própria forma de pensar. Caso vocês se lembrem, na peça citada, os personagens querem fazer encenar seu drama, em última análise, o incesto, dentro da ficção permitida do teatro. Algo impossível. A tragédia explode, e as crianças são sacrificadas. Tudo no palco. A atmosfera especial é retratada no jogo de luzes. Quando os personagens falam seu drama verdadeiro, o palco escurece – na penumbra –, e o *spot* especial reflete um clima onírico para revelar o desejo paterno, o desejo da filha, forças da pulsão que estão sempre prestes a se realizar.

Freud, a arte, uma coisa antiga própria a fazer junções na psique do analista, é isto que inicia uma clínica? Impossível generalizar. Cada analista deve procurar, dentro do si mesmo, qual força motora o leva a desencadear, dentro de si, o desvelamento dos mistérios humanos. A clínica se inicia assim, da antiguidade interna, mesmo que suas molduras sejam obscurecidas por aquilo que chamamos vida profissional. A formação se inicia no primeiro momento de um encontro especial para cada um. Algo antigo sempre está nas fímbrias da revelação.

A história continua. Continuamos em vivências passadas. Em psicanálise, a história dos pioneiros. Em nossa história, os conhecimentos adquiridos na sua pertinência epistemológica. As crianças nem sempre precisam ser sacrificadas. Por exemplo, como desconhecer Melanie Klein e sua arrebatadora trajetória a partir da análise de crianças até as profundezas das tragédias primitivas?

Melanie Klein se tornou bússola. A clínica se esclarece: quer as angústias revelem seu caráter persecutório, o ego suas defesas tão violentas quanto os ataques fantasiados e uma relação de objeto tão fusionada que a mais leve percepção de separação é vivida como catástrofe, quer as angústias depressivas anunciem a noção de perda, essa fantasia terrorífica que nos acompanha como se realmente fôssemos sucumbir por excesso de remorso e culpa que teriam inviabilizado a dualidade eterna. A clínica se esclarece.

A revelação edípica precoce, de uma angústia sem nome capaz de nos projetar num espaço cósmico frio, gelado pela exclusão total, por meio da fantasia da figura combinada, marca um momento trágico do rompimento da onipotência da fantasia e do fantasiar: ou começamos a tentar pensar (mesmo que por meio de toscas equações simbólicas), ou estaremos condenados aos suplícios eternos por temor do conhecimento, aprisionados para sempre numa caverna cheia de tesouros, mas que impedirá daí por diante o nascimento para o social, ou seja, para o humano.

Elaborar a posição depressiva nada mais é do que pertencer ao humano. Ou parar no limiar, como dizem hoje os teóricos das organizações patológicas e todos que chamamos de *borderline*, pacientes limítrofes, pacientes de difícil acesso etc. Entre Freud, Klein, Bion, Winnicott e seguidores, muita coisa antiga, dos pioneiros que pensaram a psique humana, se mantém dentro dos analistas. Fazem parte da clínica no sentido de que é possível pensá-la como formação analítica. Apontaram o caminho. Orientam-me quando o impacto do novo parece desconstruir a história analítica. São alicerces. Não oprimem se soubermos mantê-los como os antigos sábios que sempre sustentam as comunidades com suas colocações experientes. Fazem parte de uma revelação sobre a psique que organiza as origens de um saber, que sabemos não ter fim, justamente, porque as teorias inauguradas sobre a psique não esgotam seu próprio objeto.

O que fazer? Como tratar as teorias e sua coerência epistemológica? Quando escolhemos uma vertente teórica negamos as descobertas que o mesmo objeto, a psique, despertou em outros pensadores? E as evidências clínicas? (Os exemplos clínicos de Freud, Klein e suas crianças e todos os analisandos passados.) Tocamos o mistério do saber. As teorias psicanalíticas alcançam suas formulações e suas generalizações conceituais. Temos essas bússolas a nos conduzir, a nos orientar. Muitos costumam esquecer as antigas dores que eles nomearam e fazem derivar implicações tão abstratas que poderíamos espremê-las e não mais verteriam sangue. Para mim, fazem sentido os que ainda trazem este cheiro de carne e sangue, próprio do nascimento. São momentos privilegiados que nos iluminam na pesquisa dos processos mentais.

Acredito que nesses fatos antigos se vislumbra toda clínica. Eu os mantenho vivos, os meus pioneiros todos. Fazem parte dos meus ingredientes para pensar. Podem se ocultar, se transformar, sofrer alguns impactos, mas estão sempre à disposição para um esclarecimento clínico particular. Afinal, o ser humano, no seu diálogo específico consigo mesmo e com aquele analista particular, revive a cada momento em sua história transferencial algo de velho, algo de novo, algo emprestado, algo triste.

Somos antigos: a história pessoal, a história da formação. O paciente viverá, no novo da transferência (este contato inaugurado na especificidade de sua análise), também o antigo sedimentado. Sem privilégios de um sobre o outro. O momento analítico que presencio transforma, mas não anula a história já vivida; o aqui e o agora psicanalítico possuem, como Janus, esta dupla face: olha o novo e o velho ao mesmo tempo. Em minha clínica, nem ignoro este vínculo atual e nem sou fanática na busca de uma "causa infantil". Minha experiência, há tempos, me revelou que somos ambos, paciente e analista, o precipitado do que nossa história nos permite ser naquele momento específico. Algo de antigo se revela sempre na atualidade de nossa relação. Podemos, como nossos ancestrais, honrar nossos Deuses Lares.

Algo novo

Penso naquelas teorias que se agregam à ossatura básica do corpo teórico e que incluem, no seu pensar a psicanálise, uma gama conceitual de que também não poderia deixar de me apropriar para esclarecer melhor a compreensão da psique humana.

Chamo de algo novo aquele conceito que se insere a despeito de um certo desalojamento dos alicerces coerentes de uma determinada corrente de pensamento. Na nossa Sociedade localizo, por exemplo, as teorias de Isaías Melsohn, Fabio Herrmann e Armando Ferrari. Chamo de algo novo, por exemplo, os conceitos de Armando Ferrari sobre desenvolvimento psíquico: o conceito de objeto originário concreto (OOC), o conceito de adolescência como segundo desafio. Ferrari (1996) introduz uma inquietante e polêmica teoria sobre o desenvolvimento mental, com visíveis consequências na clínica. Partindo da análise de adolescentes, por exemplo, ele nos propõe que a adolescência é um novo momento na história da estruturação mental. Para entender isso, vale uma rápida visão sobre sua teoria do OOC, exposta em seu livro *O eclipse do corpo* (1995).

A mente é chamada a funcionar pelas emanações corpóreas, físicas, sensoriais e emocionais, desde o nascimento. É por meio das vivências deste corpo inaugural que a vida mental se inicia para dar conta do caos do recém-nascido, facilitada pela função catalisadora materna. Aos poucos, o mental vai pondo o corpo em eclipse, sem que este nunca desapareça. Esta função materna primária, um conceito amplo de *rêverie*, estabelece um quadro mental no qual o modelo corpo-mente cria uma relação intrapsíquica, vertical, em que se originam as indagações específicas daquele indivíduo, sua vertente de originalidade, pois emana daquele corpo particular. Ao lado desta vertente vertical, o espaço mental se completa com a coordenada horizontal, que diz respeito às relações com os objetos e o mundo exterior, simbolizado em seus primórdios pela relação mãe-criança (boca-seio), em que a mãe inaugura a primeira relação com esse mundo exterior. Neste nível, a figura materna é o primeiro objeto da criança, como o definem as teorias das relações objetais. Chamo de coordenada interpsíquica.[3]

A teoria, pois, sugere uma vida mental não linear, um espaço onde as coordenadas inter e intrapsíquicas vão ordenar as relações com o mundo e consigo mesmo num determinado ponto. Do relativo equilíbrio das duas vertentes teremos uma maior ou menor harmonia psíquica.

A teoria segue propondo, então, um novo nascimento na adolescência, por meio do aparecimento de um novo corpo que a mente, agora já existente, terá que rearranjar para lidar com as angústias emergentes ocasionadas pelas metamorfoses corporais a partir da puberdade. Esta tarefa, que, no entender do autor, vai transformar a adolescência num segundo desafio, coloca a problemática nascente como causa de novas estruturações de defesas para fazer frente às novas angústias. Sem entrar especificamente na análise de adolescentes, podemos dizer que nada mais resta ao adolescente senão enfrentar esses desafios. Negar-se a esta experiência será negar-se a enfrentar os grandes desafios do viver, o que perturbaria inevitavelmente toda a vivência *adulta*, uma vez que as formas eficientes e originais da resolução dos conflitos não foram equacionadas pela dor da experiência. A vida adulta resultante dessa negação nada

3 Esta teoria sofre evoluções dentro da obra de Armando Ferrari no que diz respeito à existência de dois objetos.

terá a ver com a qualidade criativa da experiência que se fez saber. Alguns adultos se sentem totalmente desamparados, buscando, na análise, uma segunda chance de as experimentar.

Temos, portanto, um desafio a ser pensado. Se o desenvolvimento linear se rompe e se for possível aceitar, como hipótese, que esta teoria esclarece muitos quadros de pacientes fronteiriços, convém deixar existir, dentro de nós e ao lado do antigo, esse espaço do *novo* e mantê-lo nunca preenchido por completo?

Afinal, somos herdeiros e originais ao mesmo tempo. Podemos pensar a clínica nesta dicotomia?

Algo emprestado

Como vemos, nossa formação nos obriga a contatar vários tipos de pensamentos. É possível? Seremos execrados caso não sigamos as correntes como dogmas indiscutíveis? Será possível pôr entre parênteses a exigência de coerência própria de conhecimento sistemático e adentrarmos a clínica com empréstimos colhidos de diversas fontes de riquezas conceituais? Acredito que sim. Afinal, estamos falando de *clínica*. Estamos falando de *relação analítica*, de dores e transtornos cuja problemática humana nos interroga a cada momento. Poderíamos dispensar, em nome de uma exigência epistemológica, essas contribuições originais que configuram mais nitidamente este vínculo tão precioso? Acredito que não. Buscar uma síntese seria, no meu entender, a tarefa sempre viva da psicanálise.

Esta relação analítica é viva e acontece cotidianamente na nossa clínica. Criamos um espaço, um *setting*, mais ou menos estável e vivemos dentro dele um espaço transferencial único, capaz de criar uma história nova, capaz de criar o que chamamos a segunda chance.

O analista traz consigo sua formação e tudo que isso implica. Não pode evitar. Teorias, supervisões, vida científica, vida pessoal, tudo se acumula dentro dele como função e não pode mais ser detida. Enfim, o que viver dentro desse espaço especial? Minha experiência se cristaliza na possibilidade de emprestar-me às fantasias do paciente e tentar, com ele, um diálogo que seja ao mesmo tempo totalmente livre e totalmente compromissado. Afinal, as probabilidades de uma segunda chance vir a ser mais adequada dependem disto: de nossa originalidade pessoal e nossa formação analítica. Como lidar com isso?

Voltando ao jogo dos conceitos que me orientam, posso postular, dentro da relação analítica, um lugar onde ocorre uma dupla cena:

a) Uma relação horizontal, transferencial, em que ocupo o lugar específico ditado pela fantasia do paciente. Desse lugar interpreto, emprestando a esse personagem projetado uma voz e uma palavra nova, sem necessidade, é claro, de desmascarar essa fantasia (*por exemplo, você está me vendo como*). Poderia dizer, por analogia, que como no teatro, é o mistério que acontece. A penumbra se instala, a representação contida passa a primeiro plano e a tragédia reacontece. Mas vamos agora, como nas revelações subliminares, tentar que elas revertam em novas palavras, novas metáforas, novos brinquedos e buscar, com isso, que o diálogo estabelecido possa abrir uma brecha na solidez de uma imagem estagnada. Tarefa dura, é verdade. Poderíamos passar horas falando nisso, aliás, o fazemos cotidianamente com nossos pacientes e entre nós mesmos. Falamos sempre desse lugar virtual que buscamos alcançar. A interpretação é a proposta de um novo rearranjo que deve deslizar, dentro do diálogo, entre ambos os membros do par. É o passa-anel da transferência.

b) A segunda cena: uma relação do paciente consigo mesmo, espaço vertical intrassubjetivo em que minha presença assegura apenas o *holding* necessário para um mergulho dentro de si mesmo, o diálogo interior que não poderia acontecer se deixado à deriva, pelas angústias persecutórias envolvidas. É evidente, para mim, neste momento, que a busca do mental incluída no diálogo interno do analisando é de importância fundamental, no sentido de uma finalização que vai poder resolver, de um só golpe, o final de uma transferência e o término de uma análise, quando quer que ela aconteça.

Portanto, é da percepção desse ponto de intersecção entre a projeção feita pelo paciente na figura do analista e o seu diálogo intrapsíquico que o analista vai gestar a interpretação. Discernir qual o lugar que está ocupando na cena analítica será a tarefa fundamental: ora apenas um coadjuvante capaz de nomear ao paciente suas vivências que na turbulência emocional ele mesmo não pode alcançar; ora um coprotagonista, depositário e suporte das fantasias. Temos em mente traduzir ao paciente ora a natureza dos sentimentos e das emoções, ora privilegiar a relação de objeto que isso promove. Em ambos os casos, possibilitar serem pensadas.

Assim, a contratransferência vai dizer respeito não apenas à captação das fantasias projetadas, mas também colocar em jogo a capacidade do analista em captar e conter a originalidade de cada mente específica. Trata-se, a meu ver, de respeito à condição humana que se caracteriza na relação analítica. Um encontro de si mesmo, dentro do espaço analítico, só vai acontecer se existir, dentro dele, o espaço de liberdade capaz de garantir as formas de funcionamento mental específicas.

Afinal, é esta assunção de suas formas de funcionamento mental que vai permanecer após as transformações vividas, quando da dissolução do vínculo transferencial. Também aqui, emprestamos por algum tempo as ferramentas para o pensar.

Algo azul (algo triste)

Dissolução de vínculos, término de análise, fantasias de perda, apenas tocamos estes assuntos. Chegou a hora. Uso o duplo sentido da palavra em inglês *blue* (azul/triste). A tristeza como sentimento integrador; nem perseguição, nem melancolia. A clínica analítica se faz até a chegada da tristeza das despedidas.

O que isso significa? Caso a análise tenha podido acontecer, caso este vínculo tenha proporcionado a visão do avesso escondido nas costuras malfeitas da alma, vislumbramos que a fantasia vai se esmaecendo. Tal qual um objeto transicional, este vínculo analítico, fantasia desde o início, vai se organizando em percepção real de duas pessoas que percorreram uma longa caminhada e que devem seguir em frente separadas. "Ficção ou realidade?", pergunta o personagem diante do sacrifício das crianças. Infelizmente, no teatro, as cenas não passíveis de representação culminam com a morte das crianças, a enteada afastando-se horrorizada da cena que todos eles criaram, cruzando a plateia num riso desesperado, enquanto a mãe, o pai e o filho permanecem estáticos no palco, fixados para sempre, num diálogo nunca mais possível. *Realidade ou Ficção?*, nos desafia Pirandello. Ambas ou nenhuma, diríamos nós, analistas. Nossa projeção no mundo fará dele, sempre, algo único (o enigma das identificações projetivas). Qual objeto transicional, a relação vai ser esquecida. Nem guardada, nem destruída. Ao cumprir seu caráter revelador, o vínculo transferencial leva consigo não apenas as perdas necessárias das fantasias, mas a revelação mesma da função de fantasiar.

O desejo se revela na sua impossibilidade, e seguir em frente será o que realmente foi possível colher dessa experiência única de saber de si. Se o sorriso é triste, podemos esperar que ele se abra para a amplidão de um azul sereno. Se fôssemos poetas, ou se pudéssemos pedir emprestado à poesia a palavra certa, teríamos a capacidade de exprimir o que aconteceu. Carlos Drummond de Andrade, na minha lembrança, nos diz: "o mais é barro sem esperança de escultura".

Estamos diferentes. Acredito realmente que todos nós, analistas que passamos e testemunhamos essa experiência, saberemos como exprimir esse momento de madureza. É o que queremos propor aos outros.

Qualquer que seja o momento moderno de sua existência, a experiência psicanalítica revela, no meu entender, o que de melhor pôde acontecer entre duas pessoas. Não é preciso temer nem se assustar por uma clínica contemporânea.

Contrapor ambos os termos *cultura atual* e *psicanálise* como dois universais diferentes seria quase rogar uma maldição sobre nós, pois essa cultura contemporânea é a nossa, está aí, é a que vivemos hoje no nosso aqui e agora. Estamos dentro dela. É a de nossos filhos e netos e candidatos, que deverão entendê-la e adequá-la àqueles valores que, esses sim, são universais na história da espécie humana e que a psicanálise tem como meta construir a cada passo, em cada relação analítica – capacidade de pensar, capacidade de reparação, de sublimações e, fundamentalmente, como base e sustento disso tudo, a capacidade de gratidão. Melanie Klein nos fala do âmago de qualquer cultura, e teremos que buscar, em cada paciente, qual dor que eles nos propõem nesses momentos atuais (penso nas crianças tarefeiras, nos adolescentes atordoados, nos jovens em luta pelas angústias do trabalho, nas mulheres em conflito pela dupla tarefa de profissionais e mães).

Marc Augé (1994), antropólogo, falando da sociedade supermoderna, define-a como de excessos: excesso de tempo, excesso de espaço, excesso de informações, excesso de individualidade (de opiniões), e monta o conceito de *não lugares*, os espaços de trânsito, provisórios, não investidos afetivamente (aeroportos, hotéis, estações de trânsito), em contraposição aos lugares (casa, família, cidade) investidos emocionalmente com significados estruturantes. Diz que o que predomina na cultura contemporânea, cada vez mais, é viver nesse não lugar, nesse espaço que, segundo ele, não cria identidade singular, nem relação, mas sim solidão e similitude. Enfim, finalizando a sua profunda observação, coloca como possível o podermos estudar e tentar entender este paradoxo que chama de *sociedade da solidão*. É ela que invade nossa clínica por meio dos dramas específicos dos nossos pacientes.

Os tempos modernos sempre virão; devemos pensar nossa clínica dentro desse tempo atual e investigar as condições possíveis. Temos que continuar, em nossas análises, a tarefa de construção de pensamento, levando em consideração este a mais de solidão que nos é proposto, esta falta de sentido dos não lugares dos tempos atuais. Acredito que uma escuta aprimorada dos conteúdos de nossa cultura, impressos no mundo interno que abordamos, não visa apenas atropelar-nos ou destruir-nos. Quem sabe, nossos pacientes procurem ser ouvidos dentro desse clima que nos envolve a todos (rapidez, alívio de tensões) e que nós, privilegiadamente, podemos deter pelo curto espaço de tempo de uma sessão.

Se o trabalho analítico revela o desejo, a busca de sentido, o lugar onde ser e existir, este universal vai nos acompanhar quaisquer que sejam as configurações culturais existentes naquele momento dado. Tocamos assim a esfera do universal escrito na originalidade de cada um e na originalidade do momento cultural existente. Basta acolhê-lo como criatividade humana e observar as demandas que ocasiona. Sempre foi assim. Para uma determinada época, aquele momento sempre foi moderno e contemporâneo.

Falei de liberdade. Se pudermos exercê-la sem temor, sempre haverá uma linguagem capaz de responder às demandas específicas que o caminho analítico levantou em sua estrada na modernidade. Buscar esse caminho (e falo agora aos analistas em formação) acarreta, perdoem-me o lugar-comum, ir ao encontro do céu azul de um novo amanhã. Não se pode temer a cultura. Temos que buscar sua alma e nos fazer porta-vozes das transformações específicas que ela propõe para a evolução humana. Buscar Eros e combater Tânatos será sempre o conflito analítico. É por isso que sempre poderemos analisar, pois o conhecimento que daí advém é precioso. Interpreto com toda a bagagem que me fez analista e que me fez o que sou. Interpreto com todos os momentos que marcaram meus sentimentos do mundo. Interpreto a partir do que sou, sempre na veracidade do meu trabalho, na aceitação da minha vida e no respeito à vida do meu paciente.

Obrigada a todos!

Referências

Augé, M. (1994). *Não-lugares: introdução a uma antropologia da supermodernidade*. Campinas: Papirus.

Ferrari, A. B. (1995). *O eclipse do corpo: uma hipótese psicanalítica* (M. Mortara, trad.). Rio de Janeiro: Imago.

Ferrari, A. B. (1996). *Adolescência. O segundo desafio* (M. Mortara, trad.). São Paulo: Casa do Psicólogo.

Pirandello, L. (1956). Sei personaggi in cerca d'autore. In A. Mondadori (Ed.), *Maschere nude* (Vol. 1, 4ª ed.). Milano: Mondadori.

2. Psicanálise: território descoberto, território a descobrir[1]

Vou convidá-los para as viagens juntos.

O que descobrir de mim, de você, do outro, neste imenso mar aberto à nossa frente? Se o navegante parte à procura de novas terras, como podemos dizer que a terra já estaria à vista antes das terríveis peripécias da travessia? E se a travessia nos consumir? E se não houver terra à vista e continuarmos a vagar nestas águas tão perdidas? Imagino esta indagação em Colombo, imagino esta indagação em Freud.

Se pudéssemos voltar aos momentos antes das descobertas, teríamos alguma ideia do drama interno. A única certeza é que é preciso partir. Se o antigo já não basta, é preciso partir.

---

1 Artigo originalmente publicado no livro *Perturbador mundo novo – história, psicanálise* e *sociedade contemporânea*, organizado pela SBPSP e coordenado por Luiz Carlos Uchôa Junqueira Filho (São Paulo: Escuta, 1994, pp. 351-361). Uma versão foi publicada em *Revista Brasileira de Psicanálise*, *48*(1), 113-120, 2014.

Algo deste momento parece existir em todo aquele que procura uma análise pela primeira vez. Imaginam seus portos de chegada como os antigos navegadores buscavam apenas um novo caminho para as Índias. Com ideais de felicidade já organizados, não imaginam os desafios de um mundo novo, o encontro do primitivo, o amargor das lutas despóticas da conquista, a destruição de civilizações contraditórias, requintadamente elaboradas sobre os sacrifícios a deuses cruéis, e que agonizaram lentamente, e cuja face nunca foi totalmente soterrada. Conquistadores e conquistados vivendo sempre a mesma luta entre Eros e Tânatos nos interiores de si mesmos.

Não é mais nossa situação. A América já foi descoberta, e a psicanálise está constituída. Sabemos que o porto de chegada é sempre a renovação de uma batalha trágica a ser constantemente travada. Mas já que é preciso partir, os novos navegantes partem para descobri-la aí, no lugar onde já estão. Mas como a criança de Winnicott, é preciso a ilusão do ato instituinte de uma realidade já existente. Sem esse paradoxo, perde-se a capacidade de criar. Perde-se a capacidade de ser analista.

É assim que cada um de nós inaugura a psicanálise dentro de si mesmo. Outra vez o medo, a angústia, a ânsia de se lançar ao mar. Reconstruir esta história de desejo enlaça-se à história psicanalítica. Novos portos de chegada, novas geografias, novas linguagens de contato são firmados, e estabelece-se a trama de relações que configurará a existência de um continente: a trama rica das teorias configurando a existência de um continente mental.

As teorias o povoam, o colonizam e o exploram, mas como organismo vivo ele sobrevive, sempre aberto às novas descobertas. Num aspecto, contudo, sobrevive sempre intacto, mítico, nos espaços sombrios de cada individualidade.

Teria sido por isso que Freud colocou a análise como interminável? Será nesse ponto que o sentimento de solidão, mesmo transformando-se na capacidade de estar sozinho, aponta sempre o destino fatal do ser que vai ao encontro de si mesmo, apesar de todas as suas peripécias no viver? Colombo teria dito "a América sou eu", e Freud, "a psicanálise sou eu". O continente descoberto sempre esteve aí onde estamos, mas foi preciso partir para encontrá-lo.

Falemos, pois, dessa tarefa do partir. Mas vamos falar dela do lugar exato onde existimos. Sociedade pós-moderna, falência de valores, tecnologia de ponta, crise epistemológica, simulacro existencial, imagens repetidamente construídas e desconstruídas, o aparato da memória reconstituído na nova máquina de estocagem de dados. E, por que não, também deste terceiro mundo periférico, onde a luta pela sobrevivência miserável espelha a face perturbada deste perturbador mundo novo.

Freud falou de tudo isso em "Mal-estar da civilização". O tanto de renúncia instintiva necessária para essa configuração está amplamente descrito, e, não duvido, sempre vivenciado. A civilização é o mal-estar.

Parece, no entanto, que a memória da máquina inaugura novos tempos que aterrorizam e assustam. Parece que ela ameaça nosso ramo de saber, como se a luta entre Eros e Tânatos não fosse mais uma preocupação para os adoradores do novo deus, deus este capaz de ser manipulado, controlado, acionado para resolver todos os mal-estares disponíveis, às custas da sensibilidade humana.

Estas águas são revoltas. Poderemos sobreviver ou nos tornaremos obsoletos, membros de uma outra seita esotérica? Quem sabe voltaremos a ser os marginais que sempre fomos, os guardiães de espectros que as modas fizeram aparecer como astros da cultura. Há que encarar este fato e relembrar que as resistências à psicanálise não são resultado de crises externas. Um tempo sombrio se avizinha, e os navegantes poderão não mais encontrar tripulação que se aventure. O que será da psicanálise, cujas pesquisas, não financiadas, dependem de uma tripulação pagante? Como se inserir numa sociedade assolada, por um lado, pelo perigo do Grande Irmão informático e, por outro, pela miséria avassaladora? Valeria a pena pesquisar este tema? Teme-se o fim da prática psicanalítica, mas os analistas se abstêm de pensar-se no seu mundo. Como validar a eficácia de um saber que faz do sofrimento seu objeto, enquanto outros buscam exorcizá-lo ou anestesiá-lo?

Mas, afinal, por que esta nova máquina assusta tanto? Talvez por ser memória para sempre codificada. Ela nos remete ao ponto futuro no qual o passado será sempre presente, no qual não será possível esquecer. A solução possível será buscar o ponto de intersecção das informações, para colocá-lo como primazia do conhecimento naquele momento dado. Esquece-se a memória no exato instante em que ela conecta com outra memória. A resultante torna-se ponto de origem.

É isto que fazemos a cada interpretação dos fatos analíticos, e o fazemos necessariamente, porque não é possível fazê-lo de outro modo. A intersecção é o momento em que existimos. Se carregamos nossos ancestrais, convivemos com nossos contemporâneos e cuidamos dos nossos descendentes, isto se constitui, a cada momento, na nossa individualidade. É o encontro possível de um porto de sossego, sempre renovado em ponto de partida.

A minha viagem, a minha travessia, as minhas numerosas travessias na análise de mim mesma como analista.

Tento sugar, dentro de mim, qual tarefa de pesquisa está proposta em cada situação analítica: levar alguém ao encontro de seu eu desconhecido. Para isto acontecer, cria-se uma realidade virtual; tange o caráter das percepções induzidas por um contexto peculiar, acionado em determinado momento e desligado ao final (começo e fim de análise). É o espaço da ilusão, espaço das imagens condensadas, deslocadas, ultrapassando a ordem do cotidiano. Alguma coisa fica fora da ordem. Analista e analisando se inauguram únicos naquele mar aberto das sessões a navegar. Não se esgota na teoria da transferência e contratransferência. É anterior. É o espaço e tempo de uma história a ser contada, da qual elas fazem parte. É o visor azul, é a tela, é a página em branco de palavras e imagens estocadas por ambos e que, combinadas, formarão o novo texto.

O que foi acionado nesse momento? De parte do analisando, de um modo geral, podemos dizer, utilizando a analogia dos navegantes, que foi acionada a coragem de partir. Mas e o analista? Cabe a ele, afinal, fazer com que esta tela, este visor, tenha a maior capacidade de resolução possível para as imagens projetadas; cabe a ele fazer com que as palavras combinadas formem uma história que faça sentido. É ele que se erige em Colombo e propõe uma viagem.

Vale, portanto, perguntar que coragem é essa que o faz singrar sempre novos mares de sofrimento. De que ponto ele parte e corta as amarras para viagens sempre perigosas? Não podemos imaginar que ele estaria sempre na primeira viagem. Uma vez descoberta a América, ela sempre estará lá. Aliás, ela sempre esteve aí mesmo, e toda obra de psicanálise nos atesta essa verdade. Não podemos lê-las como se o sujeito mental fosse sempre o outro. Daí a dificuldade de leitura que elas apresentam. Estamos implicados nessas descobertas, e nossa trajetória deve envolver a aceitação desse drama. Os mapas internos devem estar assinalados: fantasias inconscientes, mundo primitivo, situação edípica, posição esquizo-paranoide sempre oscilando no seu terror de se tornar depressiva; posição depressiva oscilante no pânico persecutório; identificações projetivas que, se maciças, envolvem o perigo da fragmentação. O analista necessita tê-los ultrapassado e falar de um porto de abrigo, ainda que fugaz.

Será por isso que Bion nos recomenda sem memória e sem desejo? Seria difícil ousar novamente todos os mares, se o analista não houver assimilado cada detalhe de seu terror particular como elaboração de um trauma. Só neste caso teríamos experiência adquirida a indicar o melhor caminho, e não o emprego artificial de uma técnica forjada. E o analista deve ser capaz desta assimilação. É sua a responsabilidade de ousar esta outra viagem. Ou não? Ou vamos nós, analistas, nos eximirmos sempre da responsabilidade, invocando o desconhecido dos mares bravios? Não estou assegurando, com isso, que toda viagem tenha que chegar a termo. Os mares realmente são bravios, e muitos podem querer não avançar. Estou apontando, apenas, que cada ponto de partida do analista envolve esta responsabilidade. A viagem de cada um de nós tem que ter chegado a um porto, nesta América interna de nós mesmos. A psicanálise tem que ser possuída com clareza, para que possamos guiar a outros na validade deste caminho.

Não consigo imaginar apenas uma aderência intelectual ou profissional a um corpo de ideias. Nem a uma crença fútil, como se fosse uma visão mística. A análise tem que estar realizada internamente, a tal ponto que o desligamento da imagem virtual corresponda ao exato momento de real vivido: a análise do viver e o viver uma análise como correspondência de significados.

Isto traria à discussão, entre outras implicações, caso vocês o queiram, o problema da formação em psicanálise. Qual a responsabilidade daqueles que se inauguram como descobridores, quando sua própria viagem está em curso? E ser analista será um porto de chegada para todos? A coragem da partida se mantém, diante das renúncias necessárias ao encontro da própria identidade? São temas a pesquisar e a descobrir nesta viagem específica dos que se assumem como pretendentes.

Do analista, pois, parte a função de transformar esta relação em relação analítica. Iniciar um processo virtual, em aberto, dentro do sistema fechado de uma personalidade ancorada no porto de sua história possível até esse momento. É o dono do paradoxo. Abrir o fechado e fechar o aberto, sem fazer explodir a originalidade individual. É o que o analisando lhe colocaria nas mãos, caso pudesse saber das vicissitudes da travessia: que minha identidade não se perca, ou que se restaure, se possível. E o analista, memória e esquecimento de si mesmo, tem que se estabelecer como o narrador de povos antigos dispersos, cuja função é visitar os rincões distantes, separados por distâncias abissais, para contar a história de uma unidade.

Mantendo-se numa moldura cheia de potencialidades, o analista inaugura a nova-velha história a ser contada: lenda, narrativa, romance, novela, poesia pura, tragédia, tudo será possível a estes personagens que se contam a si mesmos. Estamos no terreno da palavra, da comunicação. Há que poder calá-la ou transmiti-la, segundo a métrica do momento. Muitas vezes recriá-la e repeti-la para que sejam possíveis as inúmeras cenas de um roteiro. Há que haver a arte da palavra para que o saber de si não se transforme em manipulação de um jargão inanimado.

E qual de nós, analistas deste outro fim de século, poderia esperar deste saber de si outra coisa além do eterno reviver das mesmas dores já sentidas ou pressentidas? Somos todos, ao mesmo tempo, o primeiro homem a receber o presente do fogo, condenando Prometeu ao suplício eterno, e somos todos Prometeu, fundador da humanidade.

Tocamos o mistério do saber. Dar um nome a essas elaborações. Nas teorias psicanalíticas, elas alcançam suas formulações e suas generalizações conceituais. Temos estas bússolas a nos orientar. São conceitos já revisitados. Muitos esquecem as antigas dores que eles batizaram e fazem derivar implicações tão abstratas que as poderíamos espremê-las e não mais verteriam sangue. Para mim, fazem sentido os que ainda trazem este cheiro de carne e sangue, próprio do nascimento. São momentos privilegiados que nos iluminam na pesquisa dos processos mentais. São bússolas para a nossa viagem, mas cada analista deverá construir o espaço onde eles possam ser utilizados. Só assim eles farão sentido. É preciso propor ao analisando essa verificação de seus modos de funcionamento mental e que isso seja aceito. Lida com a arte de interpretar, que cada analista deve construir em cada análise específica. É um momento de iniciação. Não pode ser ensinado; há que ser conquistado dentro de si mesmo, e não podemos imaginar que isso possa ocorrer sem que seus próprios processos de interpretar o mundo e a si mesmo tenham sido desvelados. Há que transpor a ingenuidade e a avalanche das emoções que poderiam impedir a revelação do conhecimento.

É um trajeto difícil, pois beira vivenciar o caos e a desorganização se instalar. Há que estar em função a confiança analítica, tema pouco estudado nas histórias de análises. Observa-se mais os momentos de desconfiança que impedem o progresso da análise, relatados, sempre, como produtos dos impulsos destrutivos do analisando. Não caberia também questionar-se? Falo em confiança analítica, porque vejo o analista confiante no que veio a ser por intermédio de sua própria análise. Claro, há casos difíceis, mas não podemos vê-los como os barqueiros de Aqueronte, conduzindo os tripulantes a uma aceitação da morte prematura. Prefiro vê-los como construtores da imagem belíssima dos fracta, realizada por meio das equações harmonizadoras dos movimentos caóticos. É necessário, contudo, uma nova linguagem para esculpi-las. É possível organizar o caos num momento dado da trajetória. A vida mental é passível de reorganização, mesmo que a vida seja apenas uma possibilidade dentro das jogadas prováveis. Há que haver confiança neste processo instaurado pelo conhecimento analítico, confiança esta que só o analista pode avalizar.

Perguntaria, agora, se tudo isso tem a ver com ciência. Parece que este é o porto que Freud pretendeu chegar. Estabelece um objeto e um método e parte para construir sua ciência, sem duvidar estar de posse de um instrumento capaz de estabelecê-la. Psicologia abrangente, pois engloba uma área além dos processos conscientes. Estabelece o inconsciente como detonador do processo de existir, e o método capaz de trazê-lo à luz. Ancora sua pesquisa na descoberta edípica e por aí decifra a dimensão trágica da psique. Outras ancoragens, de outros autores em portos mais primitivos, enriquecem essa trama e colocam em evidência a luta hercúlea pela constituição de um aparato mental.

Determinado pela sua própria história, será o ser humano capaz de ultrapassar-se, se dela se apropria? Freud, em dado momento, descrê da possibilidade terapêutica de sua descoberta. Está em jogo a finalidade de uma análise. Ciência e tecnologia própria, pode ser conhecida e aplicada? Nos ramos de conhecimento, torna-se conhecida e aplicada. Quem de nós negaria a influência da psicanálise nos pensadores modernos? Mas há os que se negam a reconhecê-la. As vicissitudes da psicanálise como ramo do saber proposto ao pensar dos outros passam por inúmeras críticas epistemológicas. A dúvida se insere. A arte de interpretar e o conteúdo interpretado se confundem e buscam sua validação específica. Só podemos falar desse conhecimento a partir da relação analítica. E como justificar esse conhecimento que encerra em si mesmo as condições da possibilidade de pensar e que nos propõe como origem um modelo tão primitivo, como uma mãe com seu bebê? Querem os cientistas e os filósofos ouvir falar sobre isso? Tenho a impressão de que algo está sempre escamoteado nas discussões atuais sobre psicanálise, como se os analistas se envergonhassem do campo que as gerou. A relação analítica e os resultados que ela gera são cindidos, e o campo que os propiciou quase nunca são explicitados. Fazer análise torna-se, às vezes, assunto de conversas sociais, como se não estivessem sendo jogadas ali as teorias do conhecimento.

Por isso volto ao meu ponto de partida e volto a falar da responsabilidade de uma análise. Da veracidade de ser um analista? Enfim, do que se faz um analista?

O que me leva a dar um pulo ao porto de chegada. Terra à vista, "fim de uma análise" ou "análise interminável" são termos adequados para esta indagação. São poucas as referências a este momento nos escritos psicanalíticos. Eles se mantêm, geralmente, nas descrições tormentosas da travessia. Mas e o porto de chegada, o fim de uma análise? Freud toca o tema e m "Análise terminável e interminável".

Faz parte da história dos mitos a saga dos navegantes perdidos que forçam seus deuses particulares a levá-los ao porto de abrigo. Ficar à deriva, perdido no mar, encantado pelas sereias, seria a maldição, a impossibilidade mesma da narrativa. Ou a isso chamaremos fracasso de uma análise? Como conduzir o sujeito abstrato da eterna pergunta das suas origens ao conhecimento de uma ampliação de seu ser, sem que as dúvidas ou revoltas emocionais o impeçam de atracar neste porto? A impossibilidade de ser outro; o núcleo irredutível da própria individualidade obrigando-o a reconhecer-se único, dentro de seus limites; o acolhimento do bom e do ruim para se ver livre do ideal persecutório que promovia a ilusão tanática de um horizonte eternamente distante; a responsabilidade de uma inteligência; a construção de uma ética. Não há pesquisas sobre esse momento, como se não houvesse crédito neste novo território a percorrer. Fugimos da instalação do trágico que desvelamos? Quais os critérios para finalizar uma análise?

Descobrir um novo caminho para as índias, e retornar ao ponto de partida, implica atravessar um continente novo, um perturbador mundo novo que não poderá, nunca mais, ser ignorado. O analista já encontrou este caminho? Sua única possibilidade é atestar, em si mesmo, a veracidade de um conhecimento que não admite o próprio naufrágio. Coloco o problema de saber o quanto já navegou este analista. Problema difícil, pois implica a confiança entre os que falam de psicanálise, entre os próprios analistas. Águas atormentadas, que as instituições não conseguem ultrapassar, promovendo, quase sempre, lutas fratricidas que impedem a exposição franca das propostas analíticas implicadas.

Mas se a Terra é redonda e o porto encontrado, voltamos sempre a navegar as mesmas águas. O conhecimento se tornaria impossível ou criar-se-ia um rearranjo infinito de movimento em espiral? Se o porto de chegada for encarado apenas como um estágio possível no momento dado, talvez eu possa fixar-me um pouco, sem causar grandes protestos. Porque mesmo assim, como lugar que habito dentro de mim, a percepção de algo imutável impossível de ser transformado, esta rocha nuclear da própria identidade, promove uma revolução avassaladora.

Quantos de nós podem estar dispostos e enfrentar esse momento? Como produtos de abalos sísmicos antiquíssimos, só temos essa face para submeter aos desgastes e à erosão do tempo. O passado cristalizado em história resgata a possibilidade de conviver com os novos tempos da posse de uma identidade amplificada. E este resgate tem que possuir a força total de um *big bang*. Trajeto duro, complicado, mas possível e veraz, único capaz de prover a criatividade do analista.

Será isto sempre possível? E como? E quando? Como explicitar ao analisando esta tarefa sempre ameaçada, por um lado, pelo temor fantasmagórico de encontro com o princípio de tudo (o vazio, o nada e, no seu radical, o temor do suicídio) e, por outro, pelo encontro com o fim de tudo, a determinação impressionante de que fomos vividos (o cheio, o completo, o temor de homicídio)?

E como colocar em conceitos precisos esta clareza cristalina e ruidosa de ruínas restauradas? Alguns conceitos como sublimação, reparação, dela se aproximam, mas, pouco pesquisados, ficam perdidos entre aqueles que retratam mais a face de Tânatos. Será que Eros já sucumbiu e a luta foi para sempre perdida?

Não saberia falar sobre isso, neste momento, a não ser utilizando a linguagem do poeta sobre o tempo de madureza, e dizer que há que ladrilhar as mãos de uma grave paciência até que a força criativa possa indicar uma centelha de uma nova linguagem teórica. Fim de análise, como nos desertos geológicos colonizados por culturas sofisticadas, é o tempo de justapor à violência das explosões arqueológicas o refinamento das categorias de pensamento que julgam tê-las domado.

Fim de análise, posse da própria identidade, aceitação severa do existir. Valeu a pena toda essa viagem? Sem os ideais cotidianos de felicidade, só nos restaria estar felizes pelas perdas dos sintomas juvenis?

E, donos desse conhecimento, interessa ao mundo a criação do hiperespaço de viagens cada vez mais profundas para cada um em particular?

Simulacros reais de nós mesmos, consciência de nossas próprias ruínas, provavelmente nós, analistas, estaremos fora da nova ordem mundial. Mas também, como mísseis intergalácticos numa nova odisseia no espaço, alguns continuarão buscando, a qualquer preço, os territórios internos a descobrir. O eterno retorno, a compulsão à repetição e o *big bang* da vida, que só posso definir como o respeito à identidade. Afinal, sobrevivemos às grandes guerras. Não sobreviveríamos à explosão nuclear de nós mesmos.

Talvez haja um tempo em que este tipo de reflexão não venha a interessar a ninguém. Nem sei se está interessando agora, porque estas tarefas de pensar que me propus não têm a pretensão de responder qual a tarefa dos analistas nestes novos tempos. São apenas palavras que invento a partir de uma clinica já experienciada e de leituras tão diversificadas.

Quem sabe, se me for permitido o modelo da ficção, possamos imaginar os analistas como os personagens de *Fahrenheit 451* (Bradbury, 2012), como os homens-livros da psicanálise.

E se pudermos criar um espaço ainda mais futuro, poderemos imaginar quantos *bits* de angústia caberão na mente computadorizada de um menino mutante. E este menino, um dia, brincando com seu robô androide, duplo, gêmeo imaginário, poderá dizer: "Vamos inventar um *game* diferente?". E o androide milenar, buscando em todos os seus arquivos de memória, dirá ao menino: "Tudo bem, deite aí e vá dizendo tudo que te passar pela cabeça; quem sabe criaremos uma nova história, juntos".

Referência

Bradbury, R. (2012). *Fahrenheit 451*. Rio de Janeiro: Biblioteca Azul.

3. Transformações da posição do analista no *setting*: não estamos mais num só lugar – até onde poderemos chegar?[1]

Parto do clima de penumbra evocado pela não saturação do título, que nos interroga de um lugar ambíguo. O que ele nos propõe? Tenho para mim que só posso pensá-lo a partir do lugar onde estou. E o lugar que ocupo é o de analista vivendo, dentro de um *setting*, uma história analítica. Houve transformações nesta história. Desde os primeiros contatos temerosos ao tentar conviver com outras mentes, desde a busca de um ponto de apoio para orientar essa jornada (encontrando-o, como é comum, na análise pessoal, nas teorias, nas supervisões) até o momento da liberdade de existir dentro de cada sessão como um universo em expansão, vai acontecer, dentro de cada analista, o que poderíamos chamar de transformações das vivências transferenciais e contratransferenciais envolvidas.

Sabemos que essas teorias se diversificaram no decorrer da história da psicanálise, principalmente a noção de contratransferência,

1 Uma versão deste capítulo foi publicada anteriormente em *Revista Brasileira de Psicanálise*, *32*(4), 835-843, 1998.

que diz respeito ao viver do analista dentro da sessão. Pode ser vista como um estorvo, algo que denuncia a "doença" do analista, seu ponto cego, seu reagir pessoal onde deveria existir uma tela neutra; ou ser vista como um elemento básico e necessário, a partir do qual o analista é capaz de entrar em contato com seu paciente e, pelo impacto que isso causa, orientar-se nos processos vigentes no seio de uma relação. A mente do analista seria como uma corda vibrada ao toque das angústias emergentes projetadas. Neste momento, a neutralidade não se mantém. Como parceiro ativo do drama inaugurado pela transferência, o analista é jogado em um duplo trabalho: sentir e pensar, simultaneamente, para que seja possível, por meio do enfrentamento do sentimento vivido, abrigar dentro de si e devolver, mais articulada, toda a gama de emoções que o paciente não pode elaborar. É a capacidade de *rêverie* que entra em cena. Continente de dores arcaicas, ele deve poder descontaminar todo esse explosivo projetado. Deverá privilegiar, também, a qualidade de comunicação que este evento entre duas mentes faz sobressair: a identificação projetiva não só como defesa, mas também como condição preliminar da possibilidade de pensar.

O analista, pois, sente o seu paciente, deixa-se viver pelo acúmulo de suas emoções, mas não pode apenas senti-lo. Deve saber guiar, dentro de si mesmo, este sentimento e transformá-lo em um instrumento capaz de fazer ecoar um diálogo mais organizado, menos terrorífico, mais transmissível. Enfim, o analista deve poder pensar o seu paciente para que não ocorra ou um quadro confusional ou apenas uma empatia acolhedora. Essa transformação equivale, a meu ver, à possibilidade de se construir, dentro da relação analítica, o aparato capaz de pensá-la, pelos dois membros do par. É esta tarefa própria da relação analítica, no espaço criado pela busca incessante de pensamento, que mantém toleráveis as dores, as desilusões, os lutos necessários à conquista do próprio mental.

Tudo isto é a história da psicanálise; é, fundamentalmente, a história da vida psíquica como ela a vê. É a sempre mesma velha história dos primórdios do aparato mental até sua possível existência autônoma após a luta do que chamamos a necessidade de suplantar a ligação edípica. A evolução existe dentro da condição humana, dentro da relação analítica, dentro das teorias disponíveis, dentro da mente do analista e de seu paciente, apesar de todos os entraves para impedir sua realização e de, muitas vezes, parecer estagnada ou em retrogradação.

Assim, nesta busca de uma autonomia mental, penso poder facilitá-la, dentro da relação analítica, se encarar esta relação como o lugar onde ocorre uma dupla cena: a) uma relação horizontal, transferencial, como é comumente conhecida, na qual ocupo um lugar específico ditado pela fantasia do paciente; b) uma relação do paciente consigo mesmo, espaço vertical, intrassubjetivo, em que minha presença assegura apenas o *holding* necessário para o mergulho dentro de si mesmo, o diálogo interior que não poderia acontecer se deixado à deriva, pelas angústias persecutórias envolvidas.

É evidente para mim, neste momento, que a busca do mental incluída no diálogo interno do paciente é de importância fundamental no sentido de uma finalização que vai poder resolver, de um só golpe, o final de uma transferência e o término de uma análise. Pode-se vislumbrar a importância desse fato se considerarmos as análises de formação, que visam ao desenvolvimento de um novo analista.

O encontro de si mesmo, dentro de uma relação analítica, só é possível se for deixado, já dentro dela, um espaço de liberdade que o analista deve saber reconhecer para poder facilitar o trânsito interior das vivências de seu paciente. Afinal, é este encontro, é esta assunção de suas formas de funcionamento mental que vão permanecer, após as transformações vividas, quando da dissolução do vínculo transferencial.

Portanto, é a partir da percepção desse ponto de intersecção entre a projeção feita pelo paciente na figura do analista e o seu diálogo intrapsíquico que o analista vai gestar a interpretação capaz de evidenciar a forma de funcionamento mental existente naquele momento.

Discernir qual o lugar que está ocupando na cena analítica será a tarefa fundamental: ora apenas um coadjuvante capaz de nomear ao paciente suas vivências, que, na turbulência emocional, ele mesmo não pode alcançar; ora um coprotagonista depositário das projeções e capaz de elaborá-las. Temos em mente traduzir ao paciente ora a natureza dos sentimentos e das emoções, ora privilegiar a relações de objeto que isso promove. Em ambos os casos, possibilitar serem pensadas.

Assim, a contratransferência vai dizer respeito não apenas às relações transferenciais com suas fantasias projetadas, mas também poder captar e conter a originalidade de cada mente na busca do contato consigo mesmo, com seu universo mental e corporal único. Trata-se, a meu ver, de respeito à condição humana, mesmo que saibamos o quão transtornada esta mente específica possa estar e o quanto lhe é difícil se aproximar de algo parecido com o que chamamos de ser humano.

Esta tarefa analítica não é fácil. É fácil ser falada, ser contada, ser escrita. Não é fácil vivê-la. Como em toda situação que envolve o conhecimento humano, é claro que o analista dela participa com os mesmos privilégios e dificuldades. Afinal, ele já foi paciente. Podemos perguntar, pois, que espaço de liberdade houve nas análises dos analistas. O quanto de sua originalidade foi respeitada, podendo se transformar em prazer de existir, de pensar, de conhecer? Quantos podem dizer ter vivido apenas o luto de uma separação, e não a catástrofe melancólica de uma perda de si mesmo? O quanto a sombra do objeto transferencial não caiu sobre o seu ego?

Será que podemos colocar, neste ponto, o sentimento de mal--estar e de afastamento que a psicanálise está vivendo? Será que os analistas se fixaram na força do objeto transferencial, deixando de lado a busca da originalidade do sujeito? Se assim for, penso que as angústias ora vividas possam vir a ser benéficas. A essas perguntas que coloco não tenho respostas. Deixo-as como hipóteses a serem verificadas.

Mas tenho para mim que, se o analista se transforma no *setting*, o pressuposto é que alcançou um grau de autonomia no qual seria impossível permanecer estático, seria impossível ser apenas o representante submisso de uma teoria vigente, quer científica, quer pessoal. Navegar é preciso.

Mas, por outro lado, a indagação do tema proposto parece envolver um temor. O até onde poderemos chegar parece apontar o perigo de ultrapassagem, de adentrar territórios proibidos que fariam explodir os parâmetros fixados. Enfim, como se houvesse o temor da perda de identidade. Mais ainda, a indagação que nos é colocada parece implicar até que ponto podemos mudar sem deixarmos de ser os mesmos. Não se trata, em termos de teoria psicanalítica, de mudanças que implicam o confronto das teorias já articuladas; aí parece existir, desde algum tempo, certa acomodação de *ghettos* teóricos que, fora alguns excessos preconceituosos, parecem conviver mais ou menos independentes um do outro. Estes já sofreram suas dores de originalidade, mas, estranhamente, se agradam com seguidores fiéis. A angústia fica por conta dos que exploram todas as articulações de pensamento possíveis, buscando a síntese capaz de reiniciar o processo dialético.

Atualmente, porém, mais do que a multiplicidade de propostas teóricas, o que se teme é que a identidade do analista se esfacele, e, com ela, a prática psicanalítica. Portanto, a proposta do até onde poderemos chegar tem um caráter paradoxal: mudar sem deixar de ser o mesmo. Parece uma proposta semelhante à que cada paciente nos faz ao procurar sua análise: "sou este ser aterrorizado diante de um sofrimento, mas também aterrorizado pela interrupção possível deste sofrimento, porque poderei não me reconhecer numa outra modalidade de mim". Estaríamos aqui dentro do imaginário, no registro das mutações, e não mais das transformações. Teríamos liberdade de ser mutantes? E mutantes e analistas? Há necessidade de freios? Há realmente um lugar onde não poderemos chegar, como se isso implicasse a perda da psicanálise, como se a psicanálise não fosse, pelo seu caráter interior, o produto inalienável da experiência vivida?

Estamos falando, pois, da condição de posssibilidade de uma transformação. Estamos falando da possibilidade de "originalidade", de "individualidade", do conceito mesmo de "identidade". Estamos, pois, dentro do momento trágico da percepção de si mesmo como um único dentro da pluralidade dos humanos. É o que, para mim, inaugura a coerência interna, o fazer-se a si mesmo, o fazer-se analista. Prática assustadora, contudo, se a pergunta colocada é, desde o início, o "até onde poderemos chegar".

Temos de supor, pois, que as mutações possíveis envolveriam o perigo de despersonalização psicótica. Estaríamos, então, falando da diferença sutil do significado das transformações, que implicariam, no seu limite, a diferenciação entre a individualidade criadora e a destruição mental, psicótica, do aparato incapaz de contê-la. Impossível decidir o destino de antemão. Vamos adentrar a área da confiabilidade em psicanálise.

Onde procurar? Se pensarmos em termos do conhecimento psicanalítico seria cômodo supor que, após cem anos de psicanálise, houvesse uma situação de consenso. Sabemos que não é assim.

O desenvolvimento de pensamento psicanalítico nem sempre é visto como contribuições recortadas ao esclarecimento do enigma colocado pela psique. Na maioria das vazes, cada articulação teórica se apropria do seu objeto de tal maneira que a teoria deixa de ser um discurso sobre o ser humano para se transformar nele mesmo, imaginando-o como um sistema sempre imutável, sem as brechas para uma nova concepção. Seria um momento semelhante à fantasia edípica, no qual a mente busca realizar a posse impossível, posto que as figuras parentais, com sua existência independente, vão se oferecer a outros encontros necessários, obrigando-a a uma renúncia estruturante.

A psique humana, como podemos ver nestes cem anos de teoria, se recusa a uma só explicação, a uma só posse. Os sistemas que a pensam se sucedem e esclarecem, de seu ponto de vista, algum aspecto de seu funcionamento. Poder acompanhá-los é um exercício de tolerância.

Vamos, pois, partir de um outro vértice. Vou propor o analista acompanhado apenas de seus cem anos de solidão, se assim quisermos chamar o momento da transformação, o momento de tornar-se continente de suas próprias antigas fantasias e vertê-las no idioma corrente de uma nova identidade mais abrangente. É fazer o luto; desligar os antigos fios e se abrir a novas experiências sem expectativas ilusórias. É, no meu entender, um salto qualitativo.

Deixo aqui, em aberto, para futuras reflexões, o tempo que isto acarreta dentro de uma análise específica. Seria possível marcar, de antemão, um tempo real de análise para que a adesão ou não a este salto qualitativo ocorra? Estaríamos contribuindo a uma nova transformação da prática psicanalítica ou desfigurando-a de sua contribuição específica? Afinal, o paciente pode ter a liberdade de querer permanecer em seu espaço já conhecido. Evitaríamos o tempo que parece interminável de longas análises? Seria uma violência ou um respeito a uma liberdade individual já adquirida? Afinal, ir para a frente e mergulhar numa outra modalidade de si mesmo pode requerer, do analisando, um longo tempo de despedida. O tempo de madureza é uma longa conquista. Seria mais útil deixá-lo a sós para sua elaboração? Seria este o tempo articulado por Freud como aberturas para reanálises?

Portanto, vir a ser analista vai implicar apropriar-se, lentamente, não só do precipitado de seus conteúdos mentais, mas também do processo que torna isso possível. Figura condensada de toda sua história, posso ver o analista como o espaço virtual para qualquer transformação possível, estabelecendo-se, assim, sua condição de guia para as novas parcerias de análise. Penso que se assim não for, cada passo analítico resvalaria, para o analista, não no cuidado necessário das mudanças possíveis, mas no terror sem nome do desconhecido avassalador.

Este momento do vir a ser, do tornar-se, qualquer que seja o caráter que assuma para uma determinada psique, é lento e perigoso. Cada analisando o pressente e, ao mesmo tempo que o deseja, procura dele se afastar. É o momento de ser tudo o que foi vislumbrado por meio da palavra. E o compromisso que isso acarreta. É o momento que a individualidade vai se revelar no fazer psíquico. É o salto psíquico.

Tudo isso pode perder seu caráter integrador e transformar-se numa fragmentação caso o analista não possa avalizar, por sua responsabilidade, este processo criativo. É o que norteia, a meu ver, a formação de analistas. É o que lhe dá sentido. Penso falar aqui da confiabilidade da psicanálise, da sua prática, da sua proposta de ser uma segunda chance ao destino dos estados psíquicos.

Muito se tem falado da validade da psicanálise, da coerência de suas premissas, de sua inserção nas correntes científicas até nas suas dúvidas entre ciência ou arte. Quero falar de algo mais simples; quero falar daquela corrente anímica que leva alguém a querer propor a outros um processo no qual ele colocou sua confiança. Algo como o desejo de continuação da espécie. Sem promessas ilusórias, sem fantasias; apenas porque viver também é preciso.

Vou falar, pois, da formação em psicanálise como uma filiação que acontece, a exemplo de como o é para a criança, como um fato predeterminado. Viver em determinado lugar, seguir este ou aquele curso profissional, encontrar esta ou outra corrente teórica ou este ou outro analista levam a pensar os primeiros momentos de encontro com a psicanálise como semelhantes aos que Piera Aulagnier (1979) postula para a criança, que tem seu contato com o mundo realizado por intermédio da figura materna. É esta que estabelece o contrato desta criança com o social, um pacto primitivo ao qual o bebê tem que se submeter, pois é o único, neste momento, capaz de articulá-lo com o viver. E o bebê tem que confiar, caso pudesse se observar em seu desamparo. É o que Aulagnier chama de violência de interpretação, necessária neste momento, pois se a mãe não se fizer de intérprete da relação com o mundo, estaria instalado o caos, o vazio psíquico, a alienação mental.

Este momento tende a se estratificar, e, com o correr do tempo, se supusermos uma mãe suficientemente boa, este núcleo vai se articular com novas visões do mundo – a figura paterna –, pondo em movimento o destino de uma individuação por meio da problemática edípica e a sua consequente inserção no social. Caso isso não ocorresse estaríamos presos, eternamente, na fala do outro.

Em nossa analogia com a formação analítica, podemos supor que o analista, mediante uma intensa e extensa busca de si mesmo, mediante uma intensa e extensa convivência com o outro (análises, estudos teóricos diversificados, supervisões), possa, em determinado momento e como consequência de sua perseverança, ser o palco dessa transformação radical que o torna senhor de seu discurso e que se revela no que chamo de autenticidade egoica.

Este momento analítico no qual algo foi encontrado, algo foi somado, algo foi perdido, algo foi rearranjado, algo foi esclarecido corresponde a um novo nascimento e, ao mesmo tempo, a uma adesão a uma sabedoria crepuscular. É a autenticidade autovalidada pela compreensão da dinâmica psíquica. É a isso que todo analista tende a cada análise iniciada, é a isto que, a meu ver, deve procurar conduzir seu paciente através dos infernos e paraísos fantasiados.

Coloco aqui, também, como problemática a ser desenvolvida, o quanto os institutos de psicanálise, responsáveis pela formação, serão capazes de abrigar as diversas e amplas correntes de pensamento, abrindo, assim, para seus candidatos, o espaço de liberdade criativa nas suas escolhas. Muitas vezes, o que se vê são ataques quase cruéis aos esboços de elaboração autônoma, quer na linha teórica, quer no território clínico. O que deveria ser orientação e acompanhamento transforma-se em proselitismo.

Penso, pois, no analista em cada nova análise assumida, penso na psicanálise, cem anos depois, refazendo suas realizações e suas promessas. Penso nos seres humanos no limiar de um milênio tentando vencer suas angústias de sempre e buscando sempre e desesperadamente um antídoto milagroso. Não há milagres. As transformações possíveis passarão, sempre, pelo encontro difícil com a originalidade egoica.

Acho que chego até onde posso chegar agora. Ancorada neste porto, tenho como fundamental, na relação analítica, facilitar e participar desse acontecimento, promovendo, pela escuta do diálogo interno do paciente, esse encontro pessoal. É assim que também entro em contacto com as novas teorias psicanalíticas. Elas atestam a originalidade do pensamento em formar novos degraus de uma escada que levará a uma melhor compreensão do aparato psíquico.

Mas sei que ele vai escapar, como outros objetos de conhecimento, de qualquer possibilidade de aprisionamento. A mente está aí para ser pensada; conhecemos os movimentos das peças, conhecemos algumas jogadas e suas variantes, mas a invariância do jogo permanece. É o jogo da vida. E a busca do seu conhecimento não pode ser detida, a não ser que voltássemos a temer, como no início de uma análise, que as transformações sejam realmente mortíferas. Talvez seja essa a fantasia a ser perdida, ou a doença a ser curada, ou a ignorância a ser esclarecida, enfim, ao que era id ser ego.

Falta perguntar ainda, para finalizar, o que tudo isso tem a ver com o milênio, com o homem, com as expectativas de novos enigmas colocados à psicanálise, que é o tema deste congresso.

Filiados ao *fin-du-siècle* passado, como viveremos este primeiro aniversário secular? Da riqueza de teorias nada precisamos temer. São inúmeros os eventos que põem em agitação o pensamento psicanalítico. A psicanálise existe e está podendo permanecer autêntica ao seu projeto de conhecimento da vida psíquica. Se frustração e a culpa estão na base da criação da civilização, se a renúncia pulsional é necessária ao convívio interpessoal, é evidente que um saber que as explicite contribuirá, cada vez mais, para entender suas manifestações. Este saber já influiu nas correntes de pensamento deste século e encontra seu lugar nas teses de diferentes disciplinas.

Mas e sua prática? A origem mesma deste saber? Haverá alguém que há de querer saber sobre isso? Como a psicanálise poderá sobreviver se a prática que instaura o novo "Gênesis" se diluir e se desfizer? Como realimentar e aprofundar suas teorias? A psicanálise vive e está indissoluvelmente ligada ao desejo de novas filiações. A isso tendem os analistas como a espécie tende a desejar suas crias. Seria possível ser de outra maneira? Acredito que não. Mas gerar filhos de um saber internalizado não é tão simples. Vai estar em jogo a criatividade dos analistas em propor esta busca pessoal. E deixar viver, dentro de si, este desejo pelo filho original, pelo outro individualizado, criador de si mesmo e de sua cultura.

Teria esta psique um espaço no mundo que se apresenta? A civilização de massas, a ditadura da mídia, as despersonalizações das comunicações informatizadas deixarão existir alguém com vontade, apenas, de existir?

Esta resposta cada analista deve procurar dentro de si. Talvez haja um momento no qual a tarefa de ser analista implicará apenas a concordância consigo mesmo, sem que ninguém mais queira saber disso. Contudo, é esta possibilidade mesma de vida interior que a testemunha como um saber frutífero. Não me parece que o ser humano vá desistir dessa conquista tão facilmente. Mesmo se um "Big Brother" automatizado dominar as escolhas, haverá sempre aquele único que redescobrirá o mundo. Os cientistas da década de 1950 assim romanceavam suas histórias, levados, talvez, a intuir o alcance de suas pesquisas e temer o futuro que poderiam acarretar. O existir, no futuro, vai depender da originalidade de todos nós. E esta é a tarefa da psicanálise: que cada analista a inaugure dentro de si é a esperança que podemos manter. Se assim não for, é porque Tânatos terá vencido.

Referência

Aulagnier, P. (1979). *A violência da interpretação*. Rio de Janeiro: Imago.

4. Por que Melanie Klein?[1]

Falar da teoria kleiniana é trazer à tona os primórdios da vida mental, aqueles momentos postulados como a definição entre o desenvolvimento da mente humana ou a sua impossibilidade. Melanie Klein é a bússula. Com sua teoria das posições esquizoparanoide e depressiva, aponta-nos o momento fundamentais da vida psíquica, momentos esses que vão nos esclarecer, na clínica, em que grau de profundidade teremos que trabalhar com nossos pacientes naquele momento específico.

M. Klein, partindo da análise de crianças pequeninas (cujo brincar considera como a comunicação das fantasias inconscientes), percebe que desde muito cedo a história mental se faz pela superação do terror instalado no seu despertar para o mundo. Ao postular a posição esquizoparanoide, agarra, com toda a força, a teoria do instinto de morte, colocada por Freud em "Além do princípio do prazer", e o entende como uma energia básica, destrutiva,

1 Uma versão deste capítulo foi publicada anteriormente em R. Simon & G. Khafif (orgs.), *Progressos em psicoterapia psicanalítica* (São Paulo: Casa do Psicólogo, 2006, pp. 93-104).

que chama de sadismo, energia essa que vai protagonizar a cena mental desde o início. O holofote dessa cena, pois, está dirigido para o instinto de morte (Tânatos). O instinto de vida (Eros), é claro, também sempre atuante, permite que, caso as condições internas e externas sejam favoráveis, o ser humano alcance sua plenitude emocional e seu desenvolvimento até o pensamento simbólico.

É para fazer frente às angústias promovidas por esse instinto de morte, que assola a mente com o terror do autoaniquilamento, que ela vai buscar livrar-se dele, projetando toda sua destrutividade no primeiro objeto, o seio materno. Como vemos, fica postulada, desde o início, a existência de um ego (sede da angústia e da função de defesa) e uma relação objeto (seio materno) que terá de ser capaz de tolerar todos os investimentos fantasiados e conter as angústias em ação. É função desse seio fazer com que a primeira relação com o mundo possa significar uma possível história individual. A partir daí, por meio de seus derivados formulados pela ação de equações simbólicas, é que a vida mental vai se desenvolver.

Da interação desses três elementos, predominância do instinto de morte, ego precoce e objeto-seio, é que vamos ter como destino ou a psicose ou o pensamento simbólico, efetuando-se todas as combinações possíveis. Resumindo, então, é na fase esquizoparanoide que as fantasias adquirem seu caráter sádico de natureza oral, anal e genital, pois para Melanie Klein essas fases coexistem desde o início. O ego, então, cria seus inúmeros mecanismos de defesa mais primitivos: projeção, introjeção, cisão negação, idealização, o que torna esse objeto parcial concreto (seio) o protótipo de todo o vínculo objetal de característica emocional ligado à satisfação da necessidade. Esse objeto é, para M. Klein, o molde de todo o vínculo futuro. Caso haja dificuldade de manter as ansiedades mortíferas sob certo controle, se não houver uma capacidade de tolerar as frustrações e se o objeto não puder realizar, por dificuldade própria, as funções de continência, estaremos diante da possibilidade de um desastre psíquico, ou seja, a vida mental vai organizar sob o predomínio de fantasias destrutivas ou de equações simbólicas concretas, sem alcançar o processo de simbolização. Temos a psicose.

Dentro dessa postulação, devemos ressaltar ainda os conceitos de Édipo precoce, equação simbólica e identificação projetiva.

É importante, para compreender o desenvolvimento da teoria, que essa relação dual (boca-seio) vá aos poucos se tornando cada vez mais conflitiva, obrigando a vida mental a procurar uma saída para esse impasse, uma vez que a ação do instinto de vida obriga que novos caminhos sejam abertos para que a vida continue: é necessário manter o seio (tão atacado) também como objeto de satisfação, propiciando o vínculo satisfatório contido na amamentação. É nesse momento que a criança vai equiparar o seio ao interior do corpo materno. Realiza o primeiro movimento da chamada equação simbólica dando inicio ao processo de simbolização. É postulado, neste momento, o encontro fantasiado no interior do corpo da mãe com o pênis paterno, bebês, fezes, que obriga a vida mental a enfrentar esse novo enigma. Estamos no que é chamado o Édipo precoce.

A criança, por meio da fantasia da figura combinada mãe com pênis, indica a percepção da sexualidade parental, um coito primitivamente fantasiado, mas que já anuncia a relação triádica, e os ataques vão se distribuir para essa nova configuração (a percepção da figura paterna, a diferenciação de gêneros, o vínculo entre os pais). Estamos saindo da relação dual para uma maior sotifisticação dos vínculos relacionais. Estamos no momento em que a mente vai criar as condições possíveis para que a percepção da realidade se realize, para que a vida psíquica dê conta de sua individualidade e que o funcionamento mental possa cair sob o predomínio do pensar e não mais apenas fantasiar. Estamos no momento ainda muito primitivo da instauração de um superego arcaico, das identificações com as figuras parentais parciais (seio/pênis), mas que já indicam a figuração triangular do Édipo clássico, gerando um espaço mental no qual surge o impulso epistemofílico, que se inaugura por intermédio das fantasias edípicas que dizem respeito, justamente, à diferença de gêneros, de papéis sexuais, do papel da paternidade.

Antes de progredirmos na evolução desta vida mental, vamos considerar ainda um conceito criado por M. Klein em 1946 que, por si só, nos demonstra a força de sua teoria: é o conceito de identificação projetiva. É um conceito fundamental, absorvido e manejado por várias outras teorias psicanalíticas, sendo visto, atualmente, como um grande fator na compreensão das confluências teóricas.

Ela inaugura com essa formulação um modo de esclarecer um funcionamento mental que vai colorir toda a história das relações objetais. O processo de projeção sobre esse objeto seio vai torná-lo (e podemos dizer agora para todos os outros objetos mentais possíveis) um produto dessa identificação projetiva, ou seja, esse seio será o resultado de uma construção que engloba todas as suas características específicas, mais toda fantasia sobre ele colocada pela turbulência emocional primitiva, transformando-o num objeto interno particular, único, conforme o sujeito que sobre ele se debruça. Está em questão, pois, a noção da relação subjetividade-objetividade, transformando o mundo (mesmo quando esse vínculo puder ser pensado como mais adequado) em uma criação original de cada ser humano. Um mundo, é claro, de certa concordância humana, mas onde cada um de nós inscreve sua versão particular. É um mundo rico, criativo, diversificado, cuja existência podemos ver representada, por exemplo, por todas as manifestações de arte, ciência e cultura, enfim, por todas as criações humanas, que sabemos tão diversificadas.

Como vemos, estamos caminhando para que a mente se instaure com toda a sua potencialidade. Estamos supondo que o vínculo primário já se estabeleceu com certa tranquilidade. Se assim não for, estaremos na psicose.

Não esqueçamos que M. Klein é bússola. Caso as formas de funcionamento mental há pouco descritas não tenham sua continuidade, estaremos confinados, para sempre, nas formas tão antigas da vida mental que não será possível articular uma vida plena. O psicótico vai existir, sempre, dentro das fantasias fantasmagóricas impulsionadas predominantemente por uma força destruidora. Estaremos dentro do terreno das angústias persecutórias, paranoides, dos delírios terroríficos, dos tênues limites entre o homicídio e o suicídio e das relações objetais esquizoides, aprisionando a vida mental num mundo interno onde estão rompidas as novas relações com o mundo externo.

Se estivermos atentos em nossa clínica para o tipo de fantasias experienciadas pelo paciente e pelo terapeuta na contratransferência, saberemos quais níveis de destruição estamos enfrentando – em muitos casos, a destruição da própria mente.

Mas a vida segue em frente, na maior parte das vezes. Crescemos, enfrentamos nossas lutas, nossos conflitos, nossas vitórias, e nos organizamos para construir vínculos cada vez mais complexos e abstratos. A vida emocional se enriquece. A vida infantil vai acontecendo, ficamos jovens, adolescentes, criamos trabalhos, criamos amor, criamos filhos. Enfim, criamos vínculos patrocinados pelo instinto de vida.

O que aconteceu com aquele bebê aterrorizado, com suas fantasias destrutivas, com suas criações projetivas por identificação? O que se passou? M. Klein é bússola.

Ela postula uma passagem para outro modo de funcionamento mental. Passagem lenta, gradual, mas que, ao se realizar, obriga a mente a uma rotação radical em que tudo deverá ser revisitado. Vamos enfrentar a passagem para a posição depressiva. Os teóricos kleinianos modernos desenvolvem profundamente essa passagem, colocando aí o protótipo da vida mental dos pacientes fronteiriços.

O que acontece? Ou melhor, o que precisa acontecer para a história emocional seguir em frente?

Fundamentalmente, vai ocorrer a percepção da figura materna como objeto total. Isso significa que a relação anterior, dual, parcial, fusional, em que a existência do objeto cindido (seio bom, seio mau, criado pela defesa precoce contra o ataque destrutivo) ajudava a manter intactos os vínculos satisfatórios, desde que a inveja, também como representante do instinto de morte, não os destruísse, essa relação objetal, como dizíamos, sofre uma verdadeira revolução. A partir de certo momento, o bebê percebe que sua fantasia de cisão é impossível de ser mantida: o objeto amado e o objeto odiado são um único objeto. Essa percepção beira, num primeiro momento, a vivência de uma mudança catastrófica. A fantasia se desfaz não só em relação a esse objeto, mas como forma priorizada de existência mental.

Estamos penetrando a posição depressiva. É claro que, nesse momento, estarão em jogo outras fantasias também terroríficas, mas de caráter depressivo, o que significa que a consideração pelo objeto vai fazer parte da configuração emocional. O que acontece de fundamental é que a onipotência própria das fantasias mais arcaicas deverá entrar em colapso, apresentando agora um traço de flexibilidade mais amplo, abrindo passagem para a formação e o desenvolvimento do pensamento.

Mas estamos muito no começo. O impacto da percepção do objeto total modifica toda a cena psíquica. A vida emocional vai apresentar outras angústias (culpabilidade, remorso, medo da perda do amor, medo da perda do objeto) que indicam o temor de haver destruído, para sempre, o objeto amado. Do ponto de vista da percepção da realidade, é o momento da descoberta das presenças e das ausências.

O objeto é autônomo. A subjetividade deve encarar que sua satisfação depende de um objeto outro, de alguém que possa fazer com que as experiências de prazer surjam com sua presença e as experiências de frustração e desprazer se liguem à sua ausência. Enfim, toda relação emocional com a figura materna (e com todos os outros objetos) deverá ser remanejada para dar conta dessa nova angústia que é o temor da perda do objeto. Às angústias de culpa, remorso, temor de perda, o ego vai responder com novos mecanismos de defesa: instalam-se os mecanismos maníacos e os mecanismos obsessivos, tentando dar conta deste sentimento de que tudo está perdido, pois o objeto amado sucumbiu. É preciso triunfar sobre essa dor, é preciso desvalorizar esse objeto, é preciso controlar esse objeto para que o sofrimento seja suportável e o ego não desmorone sobre o peso da culpa (caso isso acontecesse, estaríamos no terreno da psicose maníaco-depressiva).

Vamos, pois, assumir que as elaborações fantasiadas na posição depressiva indicam cada vez mais uma maior integração no contato com a realidade, pois adquirem o caráter de um conflito em que a existência do outro terá de ser afirmada e tolerada ao final de sua elaboração. Vai surgir, assim, a percepção de uma realidade psíquica em que a ambivalência amor-ódio ao mesmo objeto terá de ser aceita e resolvida pelo ego.

Mesmo que a vida emocional possa vir a dar conta desses novos sentimentos e consiga elaborar toda a gama de complexidade que envolve esse novo vínculo, o que vai estar em jogo, realmente, para que a posição depressiva possa ser elaborada, é a constatação final, integrada, de que a perda do objeto amado como foi fantasiado pelas cores da posse, pelo controle onipotente, pelas fantasias de triunfo, essa perda do primeiro objeto amado, como dizíamos, é inexorável.

Essa experiência de luto vivida precocemente envolverá daí para a frente, todas as nuances possíveis em qualquer situação de luto. As passagens evidenciadas na elaboração de um luto real, nos diz M. Klein, estarão ligadas para sempre a essa experiência precoce da perda do primeiro objeto, o seio materno. Em cada vivência enlutada, as angústias arcaicas estarão envolvidas, fazendo com que o trabalho de luto tenha uma característica particular até a possível renúncia ao objeto perdido. O luto normal se elabora pela reparação ao ataque dirigido ao objeto amado que morreu.

A integração formulada na elaboração da posição depressiva abre o leque da vida mental desde quadros neuróticos mais acentuados até formas mais adequadas de vivência emocional. Abre passagem para uma aceitação da realidade em que as projeções a ela endereçadas possam ser contidas por uma configuração que promova aceitação das ambivalências amor-ódio, fazendo predominar as forças de vida.

M. Klein é bússola. Qualquer que seja a perda aí envolvida (perdas de ego, perdas de objeto), será possível tentar refazer tanto essa mente enlutada quanto aquela que, se recusando ao luto real ou simbólico, desenvolve uma volta às fantasias mais regredidas de perseguição.

Essa segunda chance de reformular a vida emocional é o que sempre está em jogo na história do vínculo terapêutico de base analítica. Ancorados na teoria de M. Klein, podemos descriminar, a cada momento, a que nível de angústia as fantasias dos pacientes estão nos remetendo. Os traços significativos na história emocional serão revividos na relação transferencial existente em cada sessão analítica. Em cada momento da relação paciente-terapeuta (transferência-contratransferência), são esses aspectos cruciais que serão revisitados, em busca de uma segunda chance de reformulação, estruturação e integração das relações internas e externas.

É dentro desse contexto, de uma nova oportunidade de reformulação das ansiedades primitivas vividas numa análise, que darei como exemplo a experiência que partilhei com Franco na elaboração das angústias do trabalho de luto, provocadas pela perda de sua mãe.

Franco era um menino bonito, desenvolvido para a idade, extremamente inteligente, com desenvolvimento intelectual adequado, que entrou em contato comigo para o seu tratamento aos 6 anos de idade, quando exacerbaram situações angustiantes persecutórias que desencadeavam intensos temores quando Franco se deparava com objetos pertencentes à mãe morta. Ele a perdera por volta dos 3 anos de idade, em virtude da evolução rápida da moléstia que a acometera. Franco continuou sob os cuidados do pai e da avó, que assumiram os cuidados próprios de uma figura de mãe. O menino se desenvolve, mas começa a apresentar os sintomas há pouco descritos, a ponto de os familiares irem tirando de sua vista tudo que estava ligado à sua mãe, principalmente o que a representava enquanto viva. Ao me encontrar com Franco, essas ansiedades já haviam ultrapassado um limite tolerável, saindo do âmbito caseiro e ameaçando tornarem-se um empecilho para o desenvolvimento escolar e social do menino. A angústia excessiva estava impedindo seus vínculos afetivos mais amplos.

Meu encontro com Franco nos coloca, desde o início, na evidência de um temor ocasionado pela perda precoce, pelo vazio e, principalmente, pela impossibilidade que me revelava de simbolizar um luto do qual ele não tinha nenhum registro e que não lhe permitia perceber essa imensa ausência. Franco dizia não ter noção do que era "mamãe". Foi na elaboração desse luto, durante o tratamento, que pude acompanhar as fantasias de Franco quanto a essa perda que ele ainda não se dera conta de ter vivido.

Se teorizamos, como diz M. Klein, que os lutos dos objetos significativos fazem reviver sempre a primeira perda objetal, a separação do seio e a construção do objeto total, veremos como Franco foi, aos poucos, podendo reencontrar essas fantasias e toda sua gama de aspectos persecutórios e depressivos.

Não vou poder aqui retratar todas as vicissitudes da minha história com Franco. Darei, contudo, apenas como exemplo, fragmentos da história que fomos construindo por meio de nossas conversas.

Franco, desde suas primeiras sessões, estabelece comigo um vínculo muito adequado para sua idade, indicando sua capacidade de crescimento e desenvolvimento emocional. Além disso, chamo a atenção de todos, como a minha foi despertada, para o quanto de simbólico está representado na atividade que Franco me propõe. Franco traz um baralho para jogarmos "buraco", demonstrando muita satisfação nesse nosso brincar. Percebo desde o início que vou poder acompanhá-lo na entrada desse buraco vazio e escuro que permaneceu em sua mente desde a perda da mãe, que ele só consegue representar pelo buraco. Contudo, há uma peculiaridade fundamental nesse jogo de Franco, peculiaridade essa que me deu a chave para a compreensão da ansiedade inconsciente fixada nas fantasias mais regredidas: Franco jogava "buraco", mas nunca dava "o morto". Essa função era minha, Franco dava "o vivo". Como podemos ver, Franco, de algum modo, se utilizara de um triunfo sobre o objeto, negando sua existência e procurando, do modo como lhe foi possível, manter-se ligado às manifestações de vida que o faziam seguir em frente.

Passamos os primeiros anos de sua análise nessa dimensão lúdica de jogar baralho, mas que, em suas pequenas nuances emocionais diante do jogo, traziam à tona aspectos de sua história. Pudemos, em nossas conversas, reviver os temores, as culpas, as dores de uma perda de que ele sequer tinha consciência. O "morto" que eu podia dar deixava comigo a tarefa de reatar os fios de seu afeto para com essa figura perdida que ele, no escuro de seu buraco, não conseguia encontrar, mas que, podemos postular, ele buscava desesperadamente. Seu contato comigo foi, desde o início, de uma intensidade afetiva própria de quem busca o objeto que ele necessitava encontrar para se organizar novamente em plena posse de sua tranquilidade emocional. Pude, por meio de minhas interpretações, elaboradas dentro de mim, devolver, pela continência das identificações projetivas, um modelo menos terrorífico para suas fantasias.

Minha primeira interpretação, e que vai ocasionar toda nossa construção posterior, foi falar dessa perda que ele não compreende, dessa mamãe morta de que ele não tem registro e que parece assustá-lo como um fantasma sem significado. Apontei rapidamente em nosso encontro o que eu percebia como a causa de suas angústias, de seus medos, e que poderíamos falar disso daí para frente. Essa mamãe morta, sem registro, foi parceira de nosso trabalho. Ela existia, mas não existia no mesmo tempo. Seus pertences não faziam sentido para o menino e, sempre que confrontado com eles, desorganizava-se e não podia relacionar-se. Ela o assustava desde um tempo perdido que ele não conseguia simbolizar.

Aproprio-me do "morto" de Franco e, de posse dele, eu sendo o "morto", posso falar o que estava proibido, deixando para ele a possibilidade de se apropriar de um "vivo" que possa corresponder a um objeto mais total. Estamos revivendo, pois, um objeto cindido: o vivo, o morto, o bom, o mau. Nesses momentos, a fantasia de triunfo, quando ele me vencia no jogo, aparecia com toda sua significação. Franco revivia não só o que havia acontecido internamente durante a perda real, mas também, para seguirmos as primeiras relações, as defesas que se puseram em movimento quando da passagem à posição depressiva. O temor de haver destruído o objeto bom, amado, "mãe boa", pelos ataques destrutivos primitivos, levaram às defesas próprias dessa passagem, defesas de triunfo e de controle (Franco controlava, muito atentamente, minha manipulação do "morto").

Franco, contudo, levado por sua tragédia individual, vai ter que reviver toda essa história numa época em que tudo ainda estava em elaboração. Podemos imaginar como o luto real, aos 3 anos de idade, vem colher Franco no começo da vivência mais elaborada do Édipo, passando, assim, simbolicamente, um recibo às fantasias de ataques destrutivos à figura materna. Não nos estenderemos aqui nessa linha de fantasias edípicas duplas que traziam à tona também a relação com figura paterna, que, no interior da relação analítica, eu também representava.

O que interessa ressaltar é que todo esse jogo de dentro do buraco da alma de Franco pôde, no decorrer de nossas conversas, começar a construir a fantasia de um passado que parecia para sempre negado. Conversamos, nessa época, apesar do medo que ele sentia, sobre sua angústia não só de não se lembrar da mãe, mas também de não saber o que era mãe. Essa representação "mãe" não existia dentro dele. Tivemos que criar uma ponte sobre esse buraco. A chance de Franco foi poder, na elaboração do jogo em sua relação comigo, captar suas partes agressivas sem medo de haver causado o desastre fantasiado, uma vez que, nas suas sessões, eu podia, como parceira presente, suportar e conter sua violência lúdica para ganhar o jogo.

De posse de sua capacidade de perceber o ódio e o amor, Franco pôde, junto comigo, criar uma imagem de mãe que lhe fez sentido. Eu interpretava a possibilidade de ele poder saber o que era uma mãe, juntando sua relação com o pai, com a avó e comigo e buscando fazer de nós três uma alegoria do que seria representativo dos cuidados maternos, e, por que não, também as dificuldades com essas figuras vivenciadas em suas sessões de análise e em sua vida cotidiana, o que representaria também as dificuldades que uma figura materna apresenta.

O jogo do buraco, após uns dois anos, mais ou menos, vai perdendo sua importância. Ao elaborar o seu luto, Franco não sente mais um buraco no seu viver. Sua ansiedade diminui sensivelmente. Franco pode sair, brincar, ter amigos e aos poucos se reconciliar com a imagem materna e integrá-la nas suas experiências por meio dos pertences não mais assustadores. Na análise, o seu brincar desenvolve uma mudança para um outro tipo de jogo, um jogo de equipe, um jogo de futebol, no qual suas vitórias envolvem realizações mais reais e no qual sua supremacia não precisa ser intensamente conquistada. Aceita perder quando não é possível ganhar.

Podemos supor, com M. Klein, que Franco foi capaz de refazer suas angústias persecutórias, foi capaz de reviver suas angústias depressivas, cuja evolução havia sido cortada pelo aparecimento do luto materno, e pôde elaborar um vínculo mais real com os seus afetos atuais, com sua história pessoal, com seu contato com a realidade, evolvendo a integração entre a vida e a morte.

Franco foi embora com 10 anos, mais ou menos, e foi embora capaz de enfrentar as vicissitudes do viver. Ao final de sua análise, falava de seus novos desejos, de suas experiências sociais, de suas relações familiares atuais.

Espero ter podido transmitir um esboço do valor da teoria kleiniana no exercício de pensar as conquistas da psicanálise na clínica.

M. Klein é bússola. Aponta sempre, em seu norte, o caráter específico da angústia vivida naquele momento.

Parte II

Psicanálise de criança e adolescente

5. A infância roubada: uma reflexão sobre a clínica contemporânea[1]

Myrna Pia Favilli, Bernardo Tanis,[2] Maria Celina Anhaia Mello[3]

Que criança é essa, a da clínica contemporânea? Que criança pós-moderna é essa? Ao nos debruçarmos sobre esse tema, como introdução e reflexão acerca dos exemplos clínicos, vêm à tona os inúmeros textos de sociologia e antropologia que se ocupam da sociedade "supermoderna", nome usado por Marc Augé (1994) em seu livro *Não-lugares*, no qual justamente estuda as características próprias da nossa época, quais sejam:

1) A *aceleração do tempo*, em que a "superabundância" factual do mundo contemporâneo leva a uma "aporia" na atribuição de sentido a toda essa sobrecarga de acontecimentos; os tempos modernos exigem que se dê um sentido ao "mundo" (presente e passado), e não apenas a um recorte

1 Artigo baseado em trabalho apresentado no XXVI Congresso Latinoamericano de Psicoanálisis, da Federação Psicanalítica da América Latina (Fepal), Lima, out. 2006. Uma versão deste capítulo foi publicada anteriormente em *Ide*, *31*(46), 33-37, 2008.

2 Psicanalista pela SBPSP. Doutor em Psicologia Clínica pela PUC-SP.

3 Psicanalista pela SBPSP.

demarcado (sua própria vida, sua cidade, sua história). Temos que dar conta de um excesso de tempo.

2) O "excesso de espaço" em que os acontecimentos se desdobram à nossa vista pela comunicação instantânea de outros espaços, além do excesso de espaço imaginário transmitido o tempo todo pela mídia e pela publicidade, e que inocula novos cenários de desejos a serem realizados e novas formas de desejo a serem satisfeitas.

3) A figura do ego, do indivíduo, que quer para si a "interpretação do mundo" a partir das interpretações que lhe são dadas pela distribuição da informação. Cada indivíduo quer para si o direito de decidir sobre essas informações. Isso significa viver um mundo em que ele mesmo se representa e lhe permite traçar seu destino particular. Excesso de interpretações.

Como vemos, trata-se de um texto de extensa reflexão antropológica, e a ele remetemos o leitor.

Para refletirmos, utilizamos o conceito de Augé de *não lugares* espaciais de nossa sociedade contemporânea como uma metáfora privilegiada para pensarmos a infância tal como ela pode ser entendida hoje. Ele define como "não lugares", ao contrário dos lugares investidos de sentido (pátria, cidade, casa), os lugares de trânsito, de passagem, de pouco investimento afetivo, apesar de serem os espaços mais habitados na sociedade pós-moderna. Bons exemplos são as estações de trânsito, os aeroportos, as ruas, as rodoviárias, os hotéis etc., lugares onde a vida transcorre sem que haja um sentimento de pertinência. O autor faz derivar daí a constatação de um sentimento que atravessa nosso tempo e diz respeito à solidão que impregna a sociedade contemporânea. É um sentimento por nós conhecido, e que se configura objetivamente na impossibilidade de construção de laços afetivos no *modus vivendi* contemporâneo.

Podemos dizer que a sociedade atua o espaço persecutório do isolamento e do abandono.

Fazendo uso dessa ideia de rapidez, de transitoriedade, de não pertinência, própria dos não lugares, levantamos a hipótese de a infância atual, vista em nossas clínicas, ser entendida como o "não-lugar" dentro do tempo de vida. (Queremos ressaltar, contudo, que, dentro de uma perspectiva mais abrangente, as diferenças sociais podem já ter introduzido esse sentimento de não lugar para a infância carente.)

Nos retratos da clínica atual, vamos acompanhar crianças fora de seu lugar de infância, vivendo já um ideal "adulto", do tempo futuro, que lhes é apresentado como modelo pelas figuras parentais. Mantendo sempre a posição psicanalítica, entendemos a transmissão da cultura por intermédio da relação primária, quando a configuração edípica vai obrigar a internalização parental, portanto dos portadores da cultura, a se organizar como estrutura mental na formulação do superego.

O que queremos comentar aqui é o modo como a cultura atual, atravessando a interioridade parental, vai se refletir nos processos de subjetivação, inculcando uma urgência da satisfação de aspectos narcísicos que, em suas camadas mais primitivas, leva a uma identificação sincrônica com os aspectos primários que deveriam ser superados pela vida mental em seu início. A alteridade, enfim, a socialização, não é de fácil acesso. É interessante notar que apenas quando o discurso parental se choca com esse desejo primitivo é que se torna possível a noção de alteridade. Parece que, de alguma forma, as mensagens parentais modernas não se chocam com os desejos mais primitivos. Mas, se essas crianças entram em conflito, às vezes grave, vale a pena perguntar e questionar, como analistas, os rumos da vida mental no homem moderno. É nesse nível, acreditamos, que a análise de crianças pode contribuir para o pensamento da conflitualidade moderna.

A infância, exemplificada pelas crianças da clínica contemporânea, mostra-nos como o problema pós-moderno atinge as camadas com acesso à psicanálise. Quanto às camadas menos favorecidas, o problema da violência, por exemplo, merece um estudo particular que também diga respeito à introjeção de figuras parentais, se é que queremos manter o vértice psicanalítico.

Voltemos, entretanto, à nossa clínica atual, em que podemos constatar como a infância perde sua especificidade de tempo lúdico, de tempo mágico, de pertinência às fantasias simbolizadas, toda vez que essa urgência do "futuro adulto" atravessa o imaginário parental.

Nesse aspecto, torna-se interessante ressaltar que as sintomatologias apresentadas nos retratos da clínica são resultantes de valores que os pais querem inocular (inconscientemente?) como possibilidades de sucesso na vida adulta: competitividade, aparência física etc. Se, mesmo nos casos em que o discurso paterno está de acordo com a ideologia societária, cria-se um *plus* de angústia, vale a pena refletir sobre o tempo de infância como objeto particular e que faz parte dos direitos do futuro adulto.

Como pensar esses pais? Afinal, como foram criados no tempo mais antigo, tempo de brincar, será que se sentem deslocados, buscando nos filhos uma compensação? De qualquer modo, parece que os tempos modernos lhes deram uma rasteira. Quem sabe as angústias vividas se transformaram nos ideais supermodernos e eles se sentem confundidos? Desejam a seus filhos um sucesso que lhes foi negado? Teriam esses pais pulado etapas e não vivido o conflito adolescente, buscando vivê-lo agora e delegando os filhos a profissionais? Sentem que algo precioso foi perdido e hipervalorizam a juventude? Será que sofreram repressão excessiva a uma rebeldia possível e não puderam vivenciar o conflito adolescente?

Não nos entenderemos sobre o assunto neste trabalho, mas vale a pena ressaltar a importância desse aspecto nas entrevistas com os pais. Trata-se de um ponto que merece a nossa atenção, pois estamos propondo a hipótese de uma antecipação da problemática adolescente em nossas crianças, como emerge nas situações clínicas.

A adolescência se caracteriza pela busca da identidade possível, que se constitui no desafio adolescente. Negar-se a essa experiência vai perturbar toda a vivência adulta, uma vez que as formas eficientes e originais de resolução do viver não foram equacionadas pela dor que ela pode causar. A vida adulta resultante dessa negação nada terá a ver com a qualidade criativa da experiência que se fez saber. Em muitos casos, observamos a tentativa extrema de viver a adolescência perdida na vida adulta; em outros, o eterno desafio adolescente continua pela vida afora como uma impossibilidade de superar a turbulência característica dessa etapa. É como se a vida se transformasse numa busca incessante de sentido que, quando não encontrado, reverte-se em patologias graves, como anorexia, bulimia, depressão, suicídio, toxicodependências, esquizofrenias, pensamentos delirantes etc.

Como vemos, a experiência adolescente não pode ser pulada, driblada ou ignorada.

Mas o que acontece se ela for precocemente absorvida como modelo identificatório?

Voltemos então às nossas crianças. Hoje em dia, o que é incentivado pela vida moderna é o não lugar infantil articulando-se à vida das crianças, cada vez mais em tarefas intensamente regradas, em horários cada vez mais rígidos, em expectativas de performances cada vez mais sofisticadas. Nos tempos ditos antigos, as crianças supercompetitivas, imitadoras dos adultos, com excessiva colocação de ênfase na aparência em detrimento do brincar, eram consideradas problemáticas visando, então, a análise a uma maior expansão das qualidades próprias daquilo que nós, analistas, chamamos de investimento afetivo genuíno. No entanto, se o mundo moderno pede isso, como pensar a análise de crianças?

Retratos da clínica atual

Procuraremos retratar certas características dessas crianças e de suas famílias, lembrando que, na nossa clínica, é sempre da singularidade de cada analisando e de seus pais que nos ocupamos.

Nos casos aos quais faremos referência, é comum os pais relatarem que seus filhos são crianças muito especiais, com inteligência acima da média, e que se destacam em relação aos colegas. Ou são extremamente bonitas, ou grandes e fortes, ou se sobressaem em algum esporte para o qual treinam especialmente. Também as escolas que frequentam foram escolhidas por sustentar uma bandeira de excelência.

Em contrapartida a todo esse quadro de destaque, ou como seu corolário, notamos que muitas delas têm medos e inseguranças, não dormem bem à noite e só conseguem fazê-lo quando alguém deita em sua companhia, de preferência na cama dos pais.

Na maioria das vezes, são crianças com poucos amigos, pois, por serem, extremamente competitivas, acabam rejeitadas pelos coleguinhas.

Lembramos de um menino extremamente competitivo no jogo, muito dependente de cada um dos movimentos do analista, e que não suporta perder. Caso não vença, a angústia se mostra intolerável. Parece não existir uma discriminação adulto/criança; somos iguais aos seus olhos, e o desafio deve ser vencido. Reconhecemos um certo padrão: o menino começa a desenvolver um jogo de natureza competitiva e, perante as angústias que emergem, parece perder o controle, como se não houvesse uma elaboração em face das pressões e exigências do superego.

Quando a analista conversa com ele sobre alguns dos aspectos percebidos e sugere que poderia ser interessante continuar os encontros, mostra-se muito interessado e aliviado. Tem-se a impressão de que a possibilidade de lidar com a sua ansiedade de vencer e a possibilidade de encontrar uma figura que ao mesmo tempo seja mais experiente, mas também acolhedora, nele provocam alívio e o vislumbre de algo novo. Talvez o guerreiro dessa nova Esparta pós-moderna possa encontrar outras formas de realizar suas potencialidades e se projetar de modo menos aterrador para o futuro. Talvez o mundo, o espaço cultural, deixe de ser usado apenas como uma arena.

Quando é apontado para seus pais o desenvolvimento desarmônico do seu filho, e que o "futuro astro" pode ser uma criança que está sofrendo em virtude de um excesso de idealização e projeção de expectativas, tanto da parte dos pais como da cultura narcísica em que vivemos, eles reagem questionadores – é difícil reconhecer os aspectos idealizados projetados no filho, assim como as próprias inseguranças acobertadas e racionalizadas pelos aspectos narcísicos da cultura. Mas o questionamento cede espaço para um sentimento de alívio e elaboração das próprias expectativas.

Os encontros com os pais são muito importantes: dir-se-ia que em seu transcorrer estes são apresentados aos filhos que não queriam conhecer de perto, a não ser como realização de seus ideais. Palavras como "companheiro", "colega", "amigo" não são registradas com muita frequência no discurso deles; o mundo é uma guerra, e devemos estar prontos para vencer, ou sermos derrotados.

Outro grupo de crianças com os quais temos nos deparado, e cuja problemática se entrelaça com a anterior, é formado pelas que vivem uma antecipação da problemática adolescente. São meninos e meninas por volta dos 7, 8 anos de idade, que têm que fazer frente a angústias para as quais ainda não contam com um aparato mental com elementos suficientes para suportá-las. Chamadas a saltar da tenra infância para a adolescência, queimam etapas do desenvolvimento.

Mas haverá, nos nossos dias, espaço e tempo para a latência?

Pensemos o caso de uma menininha de 8 anos como emblemático dessa situação. Apresenta-se como uma adulta no vestir-se, no linguajar, na maneira de se relacionar. Seus desenhos são todos de moda, modelos e grifes. Corpos magros, fisionomias idênticas, só há diferenciação no vestuário, nos penteados.

O foco é a aparência. Seus interesses são seu corpo, seu regime alimentar, as roupas que vai vestir hoje e quais vestirá no futuro. As fantasias com fadas, princesas e bruxas não habitam seu cenário mental; seu imaginário é recheado dos ideais de consumo, beleza e sucesso. Os pais compartilham das mesmas preocupações; querem uma filha magra, bem vestida, com corpo e atitudes de moça, sem se dar conta do sofrimento da criança.

Como uma celebridade, representa em suas sessões um programa de TV em que é uma artista famosa que sabe tudo, ensina a todos e fornece seu e-mail aos seus fãs telespectadores. No resgate dessa possibilidade de brincar, a analista chama os "intervalos comerciais" para, nos "bastidores do programa", encontrar espaços para lidar com o desamparo, a fragilidade, os terrores infantis. Nos bastidores a estrela pode abandonar o personagem e falar sobre aquilo de que tem medo, o que a entristece. Paradoxalmente, seu desejo é encontrar ou ser uma formiguinha, um animalzinho de estimação bem pequenininho, que caiba em uma caixinha. Quando "o programa volta ao ar", a "estrela" ressurge com todo o seu glamour.

Dentro dessa dinâmica contemporânea, deparamos com pais ansiosos por aproveitar a vida, viverem uma adolescência talvez perdida, delegando a nós a função de propiciar um espaço de inserção do lúdico, do mágico, da fantasia no mundo infantil, como se fôssemos um *personal* das emoções.

Como esses pais lidam com as expectativas individuais e culturais em relação ao futuro de seus filhos? Haverá outro modo, menos narcísico e exigente?

O trabalho clínico com essas crianças, como vemos, contempla também entrevistas com os pais para oferecer a eles uma oportunidade de refletir e rever as crenças que sustentavam certos modelos identitários, pois, como assinalado anteriormente, é por meio das identificações primárias que o psiquismo se constitui. Modelos extremamente rígidos requerem uma intervenção; caso contrário, o psiquismo infantil pode não tolerar a tensão entre as transformações inerentes ao processo de análise e certas demandas parentais.

Este breve retrato mostra como algumas configurações subjetivas da cultura narcísica, de valores individualistas e competitivos, atravessam o crivo subjetivo dos pais e podem intensificar determinados aspectos da configuração edípica, reforçando angústias de castração ou retaliação e levando a criança a compreender a existência como uma permanente luta – não pelo desenvolvimento, mas pela supremacia. Em um mundo de fortes e fracos, qual o preço a pagar? Trata-se de ganhar a todo custo. Assim, um dos benefícios da análise poderia ser a possibilidade de transformar um sentimento negativo de solidão numa experiência em que a solidão se manifeste como fundamento da singularidade. Não se trata de uma apologia do estar só, do guerreiro solitário e da mini *top model*, e sim do estímulo à capacidade de se voltar para o outro a partir da solidão. Concebida desse modo, a solidão pode ser um baluarte de resistência contra as forças de um narcisismo negativo e destrutivo que favorece o desligamento.

Em nossa clínica, é evidente que a análise da conflitualidade psíquica, que vai desembocar na problemática superegoica (pois sabemos que é por aí que a cultura se internaliza no indivíduo, por meio da psique parental), sempre buscará interpretar os excessos de sofrimento que estão sendo acarretados, qualquer que seja o cenário externo atual. Para isso, temos toda a bagagem conceitual que a psicanálise nos oferece e que, encarnada na relação analítica, propicia um antídoto aos excessos relacionais.

Gostaríamos, contudo, de levantar como problemática para os analistas de nosso tempo o seguinte dilema: se as sintomatologias modernas já indicam as preponderâncias narcísicas, os transtornos alimentares (justificados atualmente pelo culto do corpo), as violências explícitas, as droga-adições como soluções mortíferas para a necessidade de poder e para a fuga da solidão e do abandono, como refazer ou repensar um lugar ainda possível para a infância? Será que o lúdico, o mágico, as fantasias terão espaço numa sociedade futura na qual a tecnologia faz surgir também modelos exigentes, ao lado das figuras parentais? Como reverter um quadro em que a criança é consumida pelas imagens midiáticas e se torna consumidora num espaço social que necessita dela como mercado? Para esse mundo pós-moderno, já delineado, é necessário que tudo seja assim. Mas, além de cuidar dos excessos em sala de análise, poderemos, como analistas, interferir no processo para que a infância não seja roubada de nossas crianças? Poderemos lutar para transformar a tecnologia em sonho? Seria possível brincar de papai e mamãe no espaço virtual?

Não poderemos deter esse futuro. As sociedades sempre caminharam, e não será possível impedir seus passos ou retornar a um passado já perdido. Poderemos, talvez, tentar introduzir um pouco de "alma" na perfeição do esporte, na veste industrializada, no corpo sob suspeita, como os que nos apresentam as crianças às quais fizemos referência. Os príncipes e as princesas futuros deverão conter as metas culturais que atravessam os imaginários parentais. Não será possível fugir disso. Se o analista não se apropriar dessa modernidade, estará incluindo uma visão moralista ou saudosista dos tempos passados.

Procurar refletir com esse pano de fundo será o desafio para o analista contemporâneo: não patologizar os desejos configurados por uma nova forma de viver (rapidez de tempo, multiplicidade de espaço, os não lugares, o excesso de representação individual etc.), pois a época parece ser de um excesso de desejos a serem realizados. Perdeu-se, talvez, algo da satisfação alucinatória representada pelos devaneios conscientes. Hoje, tudo é urgente e concreto. Instalar o simbólico nesse mundo concretizado deve fazer parte do discurso analítico. Fazer do espaço analítico um lugar transformado de uma infância possível.

Para isso, declaramos firmemente que o analista de crianças tem sempre a seu dispor uma bússola para guiá-lo quando o excesso de angústia de seus analisandos anunciar, aí sim, a patologia de toda uma época. O que hoje poderíamos chamar de patologia apresentada pelas crianças da clínica atual diz respeito às vivências de conflitos que estávamos acostumados a encontrar fundamentalmente na adolescência, quando o jovem é chamado a uma participação social que difere da vida infantil em que deveriam predominar a fantasia, o pensamento mágico, o lúdico. Dessa maneira se exterioriza uma precocidade do conflito adolescente, provocando infelicidade nas crianças por não disporem de elementos para responder a tais conflitos, mimetizando então o adulto.

Mais do que a infância de algumas crianças em particular, é a infância como tempo de treino para o viver que tende a se esgarçar nos tempos modernos. Estaremos dentro, como conceitua Augé, de uma característica societária que se descortina como um paradoxo: "a sociedade da solidão".

Referências

Augé, M. (1994). *Não-lugares: introdução a uma antropologia da supermodernidade*. Campinas: Papirus.

Aulagnier, P. (1979). *A violência da interpretação*. Rio de Janeiro: Imago.

Favilli, M. P. (2005). O agir criativo: o adolescente que se faz adulto. In *Anais do 1° Simpósio Internacional do Adolescente*. São Paulo. Recuperado de http://www.proceedings.scielo.br/scielo.php?pid=MSC0000000082005000100012&script=sci_arttext&tlng=pt

Ferrari, A. B. (1996). *Adolescência: o segundo desafio*. São Paulo: Casa do Psicólogo.

Tanis, B. (2004). *Circuitos da solidão: entre a clínica e a cultura*. São Paulo: Casa do Psicólogo.

6. Fabrício e sua esfinge[1]

A fantasia

> *Em metodologia psicanalítica não se adota o critério de se determinado uso é certo ou errôneo, significativo ou demonstrável, mas se promove, ou não, desenvolvimento.*
>
> Bion (1962/1991, p. 14)

Quero, neste trabalho sobre Fabrício, colocar em foco, mais especificamente, a questão da identidade sexual. Ressalto este aspecto, pois seria impossível abranger, num estudo, todas as implicações e vivências ocorridas no meu contato com ele. E acredito que é uma questão fundamental em termos de vida. E serviu-me para pensar o que se segue.

Podemos pressupor, por meio do desenho 1, que a fantasia de Fabrício expresse a noção de bissexualidade, noção essa atual-

1 Uma versão deste capítulo foi publicada anteriormente em: *Alter – Jornal de Estudos Psicodinâmicos*, *IX*(1), 23-39, jan./abr. 1979.

mente posta em discussão e renovada dentro do campo da leitura psicanalítica.

Desenho 1

Não nos deteremos aqui na discussão do conceito de bissexualidade dentro da teoria ou de seu aspecto metapsicológico. Para tanto, remetemos os interessados à exaustiva dedução feita por Christian David no trabalho "A bissexualidade psíquica" (1975). Basta-nos reter a noção de que uma organização bissexual precede e preside à organização sexual. Como diz Winnicott (1975), numa teorização que utilizarei aqui, "temos que admitir tanto um elemento masculino quanto outro feminino, em meninos e homens e em meninas e mulheres" (p. 112). Na sua teoria, o elemento feminino, em qualquer bebê, provoca uma relação de objeto na qual o sujeito e o objeto são um. Preside à experiência mais simples, que é a experiência de ser. A relação do elemento masculino, em qualquer bebê, pressupõe uma separação e daí "a identificação necessita basear-se em mecanismos mentais complexos, aos quais se tem de conceder tempo para surgirem, se desenvolverem e se estabelecerem como parte da aparelhagem do novo bebê" (Winnicott, 1975, p. 115).

Seguindo sua linha de pensamento, "quando qualquer bebê encontra o seio é o 'eu' ('self') que foi encontrado", de onde se deduz que "o estudo do elemento feminino puro nos conduz ao ser" e constitui a "única base para a autodescoberta e para o sentimento de existir" (Winnicott, 1975, p. 117). O elemento masculino, em qualquer bebê, preside a esfera do "fazer", para ele já com conotação instintiva, em que se encontra a dicotomia ativo-passivo no relacionamento.

Parece-me importante nessa teoria o desligamento do elemento feminino da esfera instintiva. É como se uma identidade primeira existisse antes do jogo das identificações. "Alguém ser" significa "ser feminino", uma vez que apenas esse elemento garante a realidade existencial. Se aplicarmos essa ideia à noção de sexos diferenciados (não supondo uma preponderância do elemento feminino nas mulheres), podemos pensar que uma identidade feminina básica é a depositária das garantias de vida para qualquer ser humano. Tal aspecto nos conduz ao fato de que, ao se estabelecer o primeiro jogo das identificações, a primeira a se estruturar é a identificação com a mãe, o que Melanie Klein discute profundamente no seu artigo "Primeiras fases do complexo de Édipo" (1928/1970), estabelecendo uma fase feminina, que segue evoluções diferentes no menino e na menina, mas cujo desenvolvimento posterior, com suas vicissitudes relatadas, depende da possibilidade de, em qualquer caso, ser elaborada e superada (são as vicissitudes bem conhecidas do complexo edípico).

Mas o aspecto que quero ressaltar é o seguinte: se essa primeira identificação é precedida por uma identidade básica, profunda, existencial, em que o elemento feminino é a raiz da vida, do ser, em que o sujeito é o objeto e vice-versa, podemos pressentir que a desidentificação com a figura materna (necessária para a consequente evolução das identidades sexuais, o que podemos seguir por meio da elaboração edípica desde a primitiva fantasia da figura parental combinada até a instalação final do superego "genital", em que as figuras parentais internalizadas se aproximam mais da realidade) pode pôr em relevo o perigo de uma perda primordial, que seria a perda da noção de ser, não só em sua forma substantiva, mas também em sua forma verbal, na qual "o ser é". Quero deixar claro que esta ideia não envolve a confusão de elemento feminino com uma identidade sexual posteriormente elaborada – mulher, mãe –, pois, dado como suposto que tanto o elemento feminino como o masculino existem na mãe, a desidentificação primeira deve dar-se em relação ao elemento feminino da mãe, independente de sua identidade sexual. Pois me parece lógico que, sendo o elemento feminino no bebê o que preside à experiência de ser, correlativamente, parece ser o elemento feminino da mãe que promove, por seu lado, essa experiência. Não é necessário pensar também que a experiência de "ser", promovida pelo elemento feminino, preceda no tempo à experiência de identificação. Podemos até pensar que o processo de identificação materna possua, em si mesmo, os dois aspectos ressaltados por Winnicott – a experiência de "ser" produzida pelo elemento feminino e a experiência de "fazer" promovida pelo elemento masculino. A experiência de "ser" assume o aspecto primordial, básico, não por sua precedência no tempo, mas pelo seu significado fundamental.

Mas, para que haja evolução, essa identificação primeira deve ser rompida, sem que haja um rompimento da identidade de ser. Podemos supor que isto aconteça pela mediação do elemento masculino, quer no bebê, quer na mãe. Assim, a primeira experiência de discriminação entre o masculino e o feminino é vivida pelo bebê com um mesmo objeto, o que pode preservar uma certa estabilidade da noção de ser. A diferença encontra-se já dentro da unidade, e sua vivência pode ser experimentada. A identificação relacionada à fase feminina descrita por M. Klein já conterá em si a experiência dos dois elementos, o feminino e o masculino, vivenciados pelo bebê.

Podemos pressupor, então, que a possibilidade de sair relativamente bem da fase feminina implica aceitar uma possibilidade alternativa sem grandes perigos para a existência. Das vicissitudes dessa vivência podemos, talvez, encontrar seus ecos, nas dificuldades do estabelecimento da identidade sexual, em que agora, sim, está em jogo uma alternativa concretamente percebida, uma diferenciação estabelecida na realidade. A bissexualidade psíquica, intensamente valorizada, pois representa a possibilidade de ser dois em um, defronta-se com a diferenciação sexual biologicamente definida, com suas funções próprias e definitivamente impossibilitada das vivências específicas ao outro sexo. Estamos na área do corpo de onde parte o discurso da bissexualidade psíquica. As dificuldades dessa diferenciação podem vir a nos elucidar que o que está em jogo não é apenas o estabelecimento de uma identidade sexual, mas também, talvez, a própria possibilidade de existir.

Podemos pensar, então, que o desenvolvimento do complexo edípico vai depender da interação do par mãe-bebê, no qual interagem os elementos femininos e masculinos de cada um. Para a discussão desse aspecto trarei algumas das contribuições de Green (1975), além de outras citadas, sobre a primeira relação mãe-bebê.

Para o bebê, a primeira identificação implica, como já foi dito, dois aspectos: a experiência de ser, em que o sujeito e o objeto são um (promovida pelo elemento feminino), e a experiência de fazer (promovida pelo elemento masculino), já existindo uma noção de separação-união, que indica a noção do outro, embora o eu e o outro possam estar confundidos. A relação dos elementos masculinos da mãe com os do bebê seria a responsável pela experiência ativa-passiva vivida pelo par nas primeiras relações. Como diz Green, citando Freud:

> *a mãe adquire uma importância única, incomparável, inalterável e permanente e torna-se, para os dois sexos, o objeto do primeiro e do mais poderoso dos amores, protótipo de todas as relações amorosas posteriores. Se o que Freud sustém é exato – e eu penso que é –, esta citação tem inúmeras implicações. O protótipo de todos os amores implica uma dependência completa ao objeto, uma fusão com ele e, sobretudo uma passivação total em relação a ele. (Green, 1975, p. 913, tradução minha)*

Green relaciona esse aspecto com a recusa da feminilidade nos dois sexos, apontada por Freud, indicando que

> *a recusa da feminilidade significaria, então, recusa do desejo de reencontrar esse objeto único, incomparável, inalterável, permanente, em virtude da dependência e da passivação que tal relação materna implica. Recusa da tarefa materna, recusa do seio. Recusa da indiferenciação primitiva com o objeto. (Green, 1975, p. 914, tradução minha)*

Green relaciona esta situação a uma teoria bastante útil, embora, como diz ele, muito atacada, e que utilizarei aqui. Trata-se da "loucura materna". Segundo ele,

> *alguma coisa na essência de toda gravidez, de toda maternidade, enquanto estas experiências estão em relação com os transportes do amor – está ligada à experiência psicótica . . . Ora, é claro que o amor da mãe para a criança não é menos louco que o da criança pela mãe.* E mais ainda porque carregado de reminiscências. *(Green, 1975, p. 915, tradução e grifos meus)*

Ora, se relacionarmos este aspecto com os elementos masculinos do par mãe-bebê, teremos que a primeira experiência de identificação para o bebê implica uma vivência passiva desse elemento, enquanto a complementação ativa é sempre vivida pela mãe na sua "loucura materna", como diz Green. Estas experiências são vividas exatamente igual pelos bebês de ambos os sexos. Temos assim que, para o bebê, a primeira experiência de amor, protótipo de todas as outras, é vivida da seguinte maneira: por seu elemento feminino ele é a mãe, o objeto, o seio – ele é o outro; por seu elemento masculino ele é passivo em relação ao objeto, ao seio, à mãe, a tal ponto que se confunde com ele – ele é no outro. Portanto, podemos pensar que a saída da "fase feminina" vai depender da possibilidade das inter-relações dos elementos masculinos, o do bebê forçando a passagem da passividade extrema para a atividade, e o da mãe, abandonado o clímax da atividade, permitindo a atividade no bebê.

Não nos esqueçamos que essa situação interna mãe-bebê se está desenrolando dentro de uma situação externa, na qual a figura paterna desempenha sua função de romper a relação mãe-bebê, suportando a situação de um "bebê feminino passivo" (qualquer que seja o sexo da criança) na sua relação com ele. Falarei disto mais adiante.

Agora, quero deter-me e pensar um pouco no fato de que estas experiências, vividas por crianças de ambos os sexos igualmente, sofrem um destino diferente diante do impacto da diferenciação sexual propriamente dita, uma vez que a bissexualidade psíquica se defronta com a diferenciação corporal, biológica, da diferença de sexos. Se pensarmos como M. Klein, que a percepção das diferenças corporais se dá precocemente na criança, sendo essas diferenças e suas funções intuídas desde cedo pelo bebê, podemos pensar que a desidentificação com a figura materna seja menos perigosa na menina do que no menino. A perda de uma relação presidida pelo elemento feminino, que assegura a "possibilidade de ser", pode ser pensada, na menina, apenas como uma situação que vai poder ser revivida novamente, uma vez que toda mulher possui, pelas conotações biológicas que lhe são próprias, a possibilidade de reviver, na maternidade, sua "loucura" primeira, isto é, uma nova relação em que ela e o bebê são. Para o menino esta situação está perdida para sempre. A percepção das diferenças sexuais implica ter que operar uma desidentificação na qual as condições primeiras nunca mais serão revividas. A primeira experiência de ser, promovida pelo seu elemento feminino, não encontrará nunca, na realidade, uma situação que se lhe assemelhe.

Temos então que, para a menina, a identidade sexual lhe reassegura sempre uma situação privilegiada. Posso supor que os transtornos posteriores do complexo edípico, que podem perturbar o desempenho sexual próprio de seu sexo biológico, não ocasionam o perigo fundamental de colocar em jogo a possibilidade de existir, uma vez que, potencialmente, sua constituição biológica lhe garante, sempre, uma nova experiência "louca", mesmo que recusada psicologicamente. No menino, a identidade sexual vai implicar, sempre, uma renúncia total à possibilidade de reviver a primeira experiência. A escolha sexual psicológica implica não somente a renúncia das possibilidades de viver o sexo oposto, mas também traz em si uma carga maior de perigo, pois seu elemento feminino, responsável pela garantia de ser, nunca mais entrará em ação com o vigor uma vez experimentado.

Enquanto a maternidade garante para a mulher a re-atuação máxima da bissexualidade, uma vez que, na relação com o bebê, novamente vai ser revivida a ação de seus elementos masculino e feminino em sua totalidade, para o homem, a paternidade vai ativar apenas o elemento masculino da primeira relação, contribuindo este para forçar, junto com o bebê, o rompimento da primeira identificação, o que pode ser atribuído, justamente, à impossibilidade de reviver a situação passada.

Parece-me então que, para o menino, a escolha da identidade sexual deve operar-se sob condições muito mais traumáticas. Sua garantia de existência, promovida pelo elemento feminino, vai depender apenas e sempre de uma relação intrassubjetiva, pois a bissexualidade psíquica não encontrará outra experiência real que possibilite o reencontro do estágio inicial. O existir como homem deve, pois, lidar sempre com "o medo de não existir", muito mais intenso que o existir como mulher.

A bissexualidade no homem, condenada apenas a uma vivência intrapsíquica, pode ocasionar uma possibilidade maior de confusão no estabelecimento da identidade sexual. Manter o elemento feminino internamente operante é uma garantia de vida. Podemos pensar que, na mulher, este elemento é sintônico à escolha da identidade sexual. No homem ele será não sintônico, tendo a identidade sexual masculina que lidar com este aspecto no decorrer de toda a vida, com a consequente problemática que possa acarretar. Como diz Christian David (1975),

> *se o medo da homossexualidade é mais forte nos homens do que nas mulheres e se a identidade sexual, mesmo fundamental, é mais frágil entre os primeiros*

> *que entre as segundas, é que o menino deve* conquistar *sua identidade de menino, dissociando-se da identidade materna, enquanto a menina adquire a sua sem esta ruptura e sem este esforço. . . A feminilidade dispõe, pelo fato das condições da identificação primária, tão surpreendente quanto isso possa parecer, de uma base de desenvolvimento mais estável que a masculinidade, que permanecerá sempre, ao menos virtualmente, mais lábil. (pp. 800-801, grifo do original, tradução minha)*

Feminilidade implica vida fundamentalmente, o que deve ocasionar as maiores vicissitudes da identificação sexual masculina.

No contexto das primeiras relações da criança podemos observar, agora, a importância da figura paterna. Como já foi dito, o pai deve, no primeiro momento de seu relacionamento, suportar uma criança feminina passiva. Podemos supor que este bebê venha renovar os sentimentos de sua primeira desidentificação, com toda sua angústia correlata. Sua atuação poderá ser a de uma tentativa de identificação com o bebê, vivendo por meio dele uma situação perdida.

Se o bebê for do sexo feminino, podemos supor que a fase feminina, mesmo reforçada pelo desejo paterno, possa ser mais facilmente rompida, uma vez que a identificação posterior com a figura paterna é transitória, retornando, caso a evolução edípica se processe, à condição feminina primitivamente abandonada. No menino, contudo, a identificação com a figura paterna deve perdurar. Sua fase feminina deve ser então intensamente vivida, pois não retornará nunca com as mesmas características. Caberá ao pai que a elaboração desta fase feminina possa ser vivida, entregando-se ao bebê como objeto de amor desejado.

É fácil supor que essa entrega a um bebê do sexo feminino possa ser mais facilitada, pois sua identificação com ele é mais frágil e colocar-se como seu objeto de amor é mais consoante ao seu desenvolvimento posterior. Com o bebê menino a situação nos parece mais complicada. A identificação do pai com este bebê é mais profunda, e ser seu objeto de amor pode renovar os receios internos de sua própria identidade sexual.

Dessa dificuldade paterna pode surgir a dificuldade do menino em romper a fase feminina. Se estas dificuldades apresentarem perigos iminentes para o pai, ele poderá impedir as vivências próprias para o filho, e com isso a possibilidade de superá-las. Sua recusa em submeter-se como objeto de amor pode manter o menino preso a esta fase, num anelo constante da figura paterna. Assim, a identificação do menino com a figura materna fica reforçada, não apenas pelo seu próprio desejo de segurança e estabilidade que lhe são garantidas pela identificação dos elementos femininos mãe-bebê, mas também pela impossibilidade de sair do relacionamento masculino passivo-ativo dessa relação, por não encontrar no pai o canal adequado para a vivência destes mesmos sentimentos, agora com uma figura masculina, e poder criar, a partir daí, o sentimento e segurança dentro da condição masculina. Se o pai se nega, o impasse se fixa. Criar um pai é uma tarefa impossível para o bebê, como vai ser impossível criar-se como um homem.

Posso pensar então que, para a menina, a fixação na identificação com a figura paterna pertence já a uma fase em que sentimentos mais primitivos foram elaborados (a desidentificação primária), enquanto no menino a fixação na identificação materna indica que estes sentimentos primitivos estão em jogo, envolvendo sempre o perigo primordial da perda de ser. Se o de envolvimento fica obstruído na menina, podemos pensar que a identidade sexual se perde, mas após uma vivência própria de seu sexo. Ser homem (masculino) para uma menina-mulher pressupõe já ter sido mulher (feminino): a garantia de existência, em qualquer condição, já está assegurada. No menino-homem, a identidade sexual masculina pode não ser alcançada, de modo que a identificação feminina será a única forma segura de existir.

É dentro deste contexto de ideias e hipóteses que peço licença para apresentar Fabrício.

Os fatos

Gente grande não entende criança mesmo.

Fabrício

Entra, pega sua pasta e começa a desenhar (desenho 2).

Enquanto está desenhando o fantasma, digo-lhe que temos que falar desses fantasmas, o medo que tem e que mostra muitas vezes – quer saber se é um menino ou uma menina.

Desenho 2

Fabrício (F.) – Do que você está falando?

Digo a ele que para, ficarmos juntos, temos que sair do mundo de faz de conta e falar do Fabrício de verdade, que tem uma casa de verdade, mamãe e papai de verdade, e que eu também sou de verdade, podendo falar daquilo que ele não pode falar.

F. – Este castelo está vazio: não vê que não tem ninguém?

Myrna (M.) – Porque você sente que não pode ficar comigo nesse mundo de faz de conta. Acho que quer me enganar, se esconder de mim, e então não podemos ficar juntos.

Desenha os monstros, a cabeça, as pessoazinhas e o relógio.

F. – Tem duas pessoas, mas não somos nós.

M. – Somos eu e você juntos e também o Fabrício menino e o Fabrício menina que você tem dentro de você.

Vira a folha e desenha: desenho 3.

F. – Este é um castelo todo destruído; está vendo, o rio está entrando e desabando tudo.

Desenho 3

(Neste desenho ocorre algo diferente de todas as outras vezes; pela primeira vez – desde seis meses de nossos encontros –, começa a falar sobre o que desenha, relatando o que está acontecendo).

M. – Se você falar comigo parece que acaba o mundo de mentira. Você tem que ver que alguma coisa vai acontecer, porque se pensa que é uma menina quer o papai e precisa atacar a mamãe, e se pensa como menino ataca o papai e quer a mamãe.

Desenha o submarino.

F. – Estes se salvaram, aqueles não; eles vieram por aqui [desenha o caminho] e chegaram aqui, mas a porta se fechou.

M. – Eu e você podemos ficar juntos olhando para ver o que se pode salvar porque não é possível ser menino e menina ao mesmo tempo.

F. – Tem uma bomba aqui dentro.

Começa o desenho 4.

F. – Aqui são as ondas e aqui o resto do castelo destruído.

Desenho 4

M. – Acho que você quer me deixar com medo. Me mostrar como é perigoso para você ver que quando pensa que é menina estraga todo o Fabrício menino e estraga nós dois juntos.

F. – Alguma coisa se salvou: esta torre [volta ao desenho 3 e desenha a torre].

M. – Parece que podemos existir e falar de você. Tenho a impressão de que é o seu jeito de dizer que veio hoje e quer conversar comigo.

F. – Não somos só nós dois; tem muita gente que se salvou. Esta torre também; está mais alta que todas.

M. – Acho que vamos poder salvar toda gente de verdade para você: a mamãe, o papai, seus amigos.

Desenha outra torre.

F. – Vão reconstruir; tem os tubarões, tem muitos tubarões.

Vira a página e desenha: desenho 5.

F. – Esta é a reconstrução; é um outro castelo; aqui não tem rio.

Desenho 5

F. – Tem muitas janelas. É um castelo sem rei nem rainha. Vão reconstruir uma cidade.

M. – Acho que é isto que podemos fazer juntos: reconstruir o Fabrício de verdade.

Mais ou menos um ano após.

Fabrício chega com uma sacola cheia e um carro grande. Põe o carro embaixo da mesa, a sacola num canto da sala. Dirige-se à sua gaveta de brinquedos, ignorando o que trouxe.

M. – Você traz muitos segredos dentro de você, mas não quer falar deles. Quer que eu fale por você.

F. – Estou, sim, cheio de segredos... [abandona a pasta de desenho que havia pegado e mostra-se entusiasmado].

F. – Você tem que adivinhar o que eu trouxe; tem que adivinhar.

Estabelece-se um jogo no qual eu tenho algumas pistas para saber o que ele havia trazido. Quando digo "boneco", ele diz "não só".

Digo "trouxe suas bonecas", ele diz "trouxe mais coisas".

M. – É muito difícil para mim adivinhar o que se passa com você. Você precisa me ajudar, e só assim eu posso te ajudar.

Começa a tirar os brinquedos da sacola: tira o boneco, duas bonecas Susie, roupa das bonecas, móveis da casinha de bonecas. Faz todos esses movimentos com muito prazer. Começa a arrumar os móveis. (É a primeira vez que Fabrício traz esses brinquedos. Antes só havia trazido o boneco.)

M. – Você me traz os teus brinquedos para eu lhe ajudar a entender por que você gosta de brincar de casinha, de bonecas, enquanto você vê que os outros meninos brincam mais de carro, de futebol...

Para de arrumar as coisas e tem, pela primeira vez, uma atitude de que o que eu lhe disse lhe tocou muito. Olha-me fixamente e me dá a impressão de meio atordoado, mas interessado.

F. – Por que você falou assim?

M. – Porque eu acho que isso o preocupa; como é que sendo um menino você gosta mais de brincar de bonecas?

F. – Menino também pode brincar com bonecas.

Pega as bonecas e me mostra.

F. – Esta eu ganhei faz pouco tempo. Tenho três bonecas; uma velha de quando eu tinha 5 anos, uma média (esta aqui) e esta mais nova. Outro dia eu vou trazer a Susie velha para você ver.

Arruma a boneca, a casinha, as roupas. Dá-me a impressão de que tanto pode ser uma menina brincando como um menino bem pequeno, que geralmente se vê participando dos brinquedos de uma irmã mais velha.

Pega a Susie nova que está vestida com vestido longo preto (tipo indiano).

F. – Este vestido minha mãe que fez. Ela faz sempre as roupas para mim. [Desveste a boneca e procura outra roupa.]

M. – Você quer me mostrar que pode ser igual à mamãe, tomando conta da casa, dos filhos.

F. – Eu não quero ser mulher, mulher é brava; a minha mãe é brava e briguenta... e também as mulheres quando ficam velhas ficam feias, os homens não... ficam só um pouco feios... mas não muito.

M. – Acho que existe um Fabrício muito pequenino que quer ser uma mulher e um Fabrício grande que sabe que é um menino, que é homem e que tem que achar que isso é bom.

Olha para mim.

F. – Eu brinco de carro também; eu trouxe um carro.

M. – Acho que o menino, o homem, o papai por enquanto têm que ficar escondidos. Você prefere me mostrar o segredo da menina que pode brincar aqui. Você acha que eu posso entender que você goste disso.

Arruma a cama das bonecas com lençol, travesseiro, cobertor. Coloca as duas bonecas dormindo juntas, põe o boneco sentado atrás: "não tem cama para ele", diz, e fica olhando os brinquedos.

M. – Parece que você separa a mamãe e o papai. É mais fácil ficar junto da mamãe, de mim, se for uma menina. Acho que outro segredo é que você tem medo de ser um menino, do que pode querer como menino.

Olha para mim e distrai-se ajeitando os móveis.

O tempo está terminando, e ajudo-o a colocar os brinquedos dentro da sacola. Quando ele se retira, me dou conta de que o carro havia ficado esquecido sob a mesa; ao mesmo tempo ele entra novamente na sala e diz: "esqueci o carro". Pega-o e se retira.

As teorias

Agora eu era o rei
Era o bedel e era também juiz
E pela minha lei
A gente era obrigada a ser feliz
E você
Era a princesa que eu fiz coroar

E era tão linda de se admirar
E andava nua pelo meu país.

Chico Buarque de Hollanda,
"João e Maria"

Fabrício tem 8 anos. Quando nos conhecemos ele tinha acabado de completar 7 anos.

A presença de Fabrício provoca duas linhas de pensamento: a compreensão que me é possível de seu mundo interno e uma reflexão sobre o encontro analítico com uma criança.

Posso pensar em Fabrício no aspecto peculiar que eu quis discutir neste trabalho: a dificuldade de elaboração da posição feminina num menino. Os exemplos apresentados pertencem a duas épocas de nosso relacionamento.

No início Fabrício desenhou a maior parte do tempo, muito só, muito isolado, com muitos ataques a qualquer tentativa minha de me inscrever no seu mundo. Era (ainda é, em certo sentido) um mundo essencialmente fantástico. Fabrício desenhava princesas, bruxas, fadas, rainhas, fantasmas, castelos, às vezes príncipes e reis. Como ele mesmo assinala, não conseguia desenhar um homem. Só o conseguiu, pela primeira vez, num dos nossos encontros. Quando me traz cadernos antigos, de desenhar em casa, posso pensá-lo sozinho, querendo ser ou acreditando ser um daqueles personagens que faz viver com seu lápis; ao lado das princesas e fadas existem figuras que denotam um requinte sádico na temática: mulheres escravas nuas, amarradas, torturadas, como se fossem imagens de um tempo antigo. Fabrício ama e odeia, me parece, com a mesma intensidade. Mas tudo se passa dentro de um mundo paralelo, talvez irreal, talvez o mundo de um tempo antigo do qual Fabrício não pode sair.

Homens e mulheres são mais raros. No seu mundo particular os objetos são personificados. Predominam os fantasmas. Os poderes mágicos o atraem. Podemos pensar que se Fabrício não pode ser um menino, nem menina, seu refúgio tem que ser o irreal, onde tudo depende de sua fantasia. Fabrício não pode pensar-se. Utiliza seus desenhos para uma fuga do que poderia ser a vida de um menino de 7 anos. Fabrício prefere viver em seus desenhos. Enquanto permanecer na esfera da magia eu não posso atingi-lo. Ele cria o mundo e eu não tenho acesso. Como dramatiza com seus bonecos de massa, em várias sessões, ele é a Bela Adormecida, Cinderela. Seu anseio para despertar ou se transformar pode estar aí revelado, mas para tanto ele vai ter que permitir que haja alguém para ajudá-lo a criar o príncipe, o homem, o papai que lhe está tão distante. Fabrício não acredita num papai para salvá-lo. Pouco existe esse papai, nas poucas informações sobre sua vida, quando se dispõe a me contar algumas situações de fora. A mamãe, a irmãzinha e a empregada são mais perceptíveis. É um mundo essencialmente de mulheres. Onde está o papai de Fabrício, dentro de Fabrício? Ter de construí-lo foi uma tarefa impossível. Fabrício descobriu que era mais fácil ser mágico, bruxa. Posso pensar, dentro do ofício de analista, que Fabrício nasceu com um corpo de menino e é fácil ter uma varinha de condão que lhe fabrique um mundo. Se o pênis não pode ser utilizado para garantir-lhe uma vida de menino, ele pode usá-lo como um instrumento fabricante de mágicas. Este é o desejo de Fabrício; me diz sempre que quando for grande vai ser cientista e desenhista e vai fabricar robôs, desses que andam sozinhos e fazem tudo que a gente quer. Seu anseio de masculinidade se resume em ter filhos-máquinas. Onde está o homem?

Fabrício está ancorado, por enquanto, na situação segura de poder "ser como uma mulher", mas isto, logo de início, estava muito camuflado na sua vivência comigo. Ele aprendeu que, socialmente, como menino, deve assumir certas atitudes. Estabeleceu certas convenções a serem seguidas. Sabe, por exemplo, que quando não está sozinho, quando tem amiguinhos perto, tem que brincar como os outros meninos brincam.

Mas eu não sou um menino. Sou uma mulher adulta, e Fabrício não sabe o que fazer comigo. Seus desenhos, seus objetos de massinha são um refúgio. Tenho que pensar por ele e falar o que ele não pode e não sabe dizer: que por trás de seus castelos, de suas bruxas, fadas, príncipes, existe um Fabrício de verdade, com uma casa, papai e mamãe... e que tudo isso tem que ser resgatado para ele poder pensar-se.

Fabrício nos mostra, na primeira sessão aqui relatada, que meu trabalho para situá-lo numa realidade, trazendo à tona suas dúvidas, seu medo, suas dificuldades quanto à sua identidade sexual, pode ser perigoso. A destruição é iminente, destruição do mundo fantástico onde ele se esconde e de onde tem medo de sair. Talvez possa ser salvo, talvez possa reconstruir-se e reconstruir um mundo mais verdadeiro, mas isso ainda não está ao seu alcance. Fabrício necessita primeiro aceitar-me como participante de seu mundo.

Esta sessão, na qual pela primeira vez ele fala comigo por meio do relato de seus desenhos, me parece a primeira brecha que pude aproveitar para existir para Fabrício. No ano que separa a primeira da segunda sessão transcrita, ele começa a me deixar penetrar no seu mundo. Sou alguém com quem ele fala, mas continuamos, durante muito tempo, falando de seus personagens. As princesas, os reis, os castelos continuam, mas agora se intercalam alguns elementos de sua vida real. Fabrício me conta alguma coisa de sua casa, da escola, de seus colegas, de seus medos e seus brinquedos. Consegue até me pedir objetos para pôr na sua gaveta de brinquedos. Algo está ocorrendo. Seu relacionamento comigo se modifica. Fabrício mostra-se interessado em se fazer conhecer. Começa a trazer brinquedos de casa e estabelece comigo uma série de jogos e desafios nos quais eu tenho que adivinhar. O fato de eu ter convivido com seu mundo fantástico parece assegurar-lhe alguma confiança. E esta confiança parece estar refletida na segunda sessão.

Fabrício traz suas bonecas, seu segredo, seu "ser como uma mulher". Parece-me uma menina brincando ou um menino pequenino. Posso pensar que Fabrício está vivendo "como um bebê feminino passivo", querendo elaborar a fase feminina, o que não deve ter sido possível em época remota de sua vida. A experiência de ser um menino não aconteceu para Fabrício. Como eu disse anteriormente, ele não parece ter a inclusão de um papai em sua vida mental, para poder quebrar, com certa segurança, a identificação primeira que lhe garante uma vida, ainda que fantástica. Ele me expõe essa falta pela presença do carro que fica esquecido e não entra na brincadeira. É como seu próprio corpo que ainda não pode entrar para delimitar-lhe a identidade sexual. Mas ele sabe que tem um corpo de homem. Está até podendo desenhar um homem, o que não conseguia antes. Pode trazer também um boneco.

Acredito que é muito longo o caminho a ser percorrido por Fabrício. Se penso que podemos estar revivendo angústias e privações arcaicas, não posso esquecer que Fabrício não é um bebê, e seus 8 anos envolvem percepções e experiências com consequências peculiares. Se Fabrício vive um equívoco há 8 anos, a percepção disto cria sua angústia própria, que se associa às vivências antigas. Durante muto tempo ele criou um mundo com o qual entretinha (e ainda entretém) sua mente, no sentido de impedir o confronto do conflito presente. Podemos dizer que seus brinquedos não eram "criativos" no sentido de serem instrumento para um desenvolvimento. Na medida em que se afastavam totalmente de um brincar que imita modelos adultos, para a aprendizagem do crescimento, não lhe permitiam um contato com o mundo à sua volta; em outras palavras, sua fantasia era utilizada para afastá-lo da vida possível, e não para criar suas próprias condições dentro de sua vida. Como aponta o professor Frank Philips, "este não poder brincar denota grande destrutividade, porque indica que ele está fazendo de conta que não é criança, e com isso destrói os vínculos com o futuro adulto que existe nele mesmo".[2] Parece-me a mensagem dos desenhos de Fabrício: a reconstrução vai ter que se processar sobre uma destruição muito grande.

Fabrício agora já brinca com bonecas. Acredito que está, desse modo, mais próximo de sua "realidade", podendo viver comigo uma situação feminina, escamoteada no seu processo evolutivo. Portanto, Fabrício é mamãe. Retomamos um fio perdido na meada de sua vida e vamos vivê-lo como nos for possível.

Quero, contudo, abrir um parêntese no que venho comentando e observar seu brinquedo sobre outro ângulo. Numa leitura sobre a sociedade americana e seu processo de dessexualização (Winick, 1972), chamou-me a atenção um capítulo dedicado aos brinquedos infantis, no qual o autor, Charles Winick, analisa a função de bonecas tipo Barbie. A Barbie é uma boneca-manequim. Seu corpo é o de uma mulher adulta, e seu vestido é de imitação adulta. Mostra ele que este tipo de boneca impede as meninas de se identificarem tanto com uma mãe que cuida de bebês quanto com uma criança que é cuidada por uma mãe. As bonecas desse tipo não suprem as fantasias ligadas à figura materna. Levam à manipulação de situações do relacionamento sexual de adultos. Barbie tem um companheiro. O boneco, contudo, não possui a conformação anatômica masculina totalmente reproduzida, como acontece com as formas femininas da boneca. Winick aponta que as brincadeiras do par de bonecos levam as meninas a se acostumarem com uma situação erótica totalmente manipulada por elas, o que vai

2 As citações do professor Frank Philips são notas por mim redigidas durante as supervisões.

refletir-se no contato com os rapazes, durante a adolescência. Não me aprofundarei na exposição desse tema. Quero apenas relacioná-lo com Fabrício, que ora nos ocupa.

As bonecas que Fabrício traz são Susies, com seus vestidos e seus pertences. Já nos desenhos a fascinação pelas roupas femininas era uma constante, deleitando-se na criação dos vestidos e penteados. A "namorada" de Fabrício é uma atriz de telenovelas, mas suas referências são sempre fruto de identificação.

Quero assinalar, com isso, que Fabrício me parece preso nas redes de uma identificação feminina adulta – como assinala Winick (1972), Barbie é uma boneca *sexy*: "a menina que projeta e vê sua boneca como uma figura materna está vendo sua mãe como uma adolescente, o que é, sem dúvida perturbador. Se a criança se identificar como mãe, então estará cuidando de uma filha já adolescente" (p. 180). Como a figura paterna não parece ter servido de garantia para uma existência como menino, podemos pensar que ser uma "mulher" torna possível uma existência para Fabrício. Assim, podemos extrapolar que não é apenas ser um menino, um homem, que não pode ser vivido por Fabrício. Nesse processo perdeu-se também a possibilidade de ser uma criança. E se isso está perdido não há como transformar-se, evolutivamente, num adulto. Tenho então uma imagem de Fabrício na qual posso observar uma "colagem": um universo erótico adulto sobre funcionamentos mentais bastante arcaicos. Dá a impressão de uma criança de 2 anos vivendo uma "*femme fatale*". Um outro segredo, que ele quer que eu adivinhe, me parece ser esta outra face de seu mundo, face essa habitada por figuras parentais que não possuem funções paterna e materna, mas que são apenas protótipos sexuais, na qual, como nos foi possível observar, a função masculina é rejeitada (carro) ou posta de lado (boneco), como se não houvesse vivências que lhe digam respeito ou que pudessem ser alcançadas. Onde está papai?

Parece-me, pois, que Fabrício, não tendo encontrado na figura paterna o canal adequado para a elaboração de sentimentos da fase feminina, não pôde estabelecer as funções características próprias de ser masculino; e se com isso ficou perdida também a possibilidade de ser uma criança, um menino de 8 anos, parece-me oportuno pensar um pouco no encontro analítico com uma criança, no caso específico, meu encontro com Fabrício.

Toda análise de criança sempre me despertou duas grandes linhas de pensamento: uma de grande entusiasmo, uma vez que trabalhamos numa época precoce, em que toda uma vida está para ser vivida; outra de grandes questionamentos, pois interferimos num processo por solicitação dos pais, submetendo a criança a uma experiência com uma pessoa adulta que se propõe a viver com ela uma situação que só a ela diz respeito: a sua infância. Sei, como no caso de Fabrício, o quanto isso pode ser necessário e importante, uma vez que, para Fabrício, é a própria infância que pode ser resgatada, junto com a possibilidade de ser um menino. Mas nem por isso deixo de ter consciência da minha posição e da situação que deve ser enfrentada por um analista de crianças.

Como diz o professor Philips, "para uma criança estar em análise significa a percepção de que parte das responsabilidades paternas foram outorgadas a outra pessoa". Que isto se manifesta fica patente em qualquer análise infantil, quando a criança começa a perceber que vamos falar daquilo que nunca pôde ser vivido antes e se recusa a corresponder. Como dizia Fabrício, muitas vezes "você é louca", "você fala cada coisa", "por que eu venho aqui", "gente grande não entende criança mesmo".

Passaram-se meses até Fabrício poder demonstrar que tinha algum conhecimento da minha presença. Fabrício percebeu que minha entrada em seu mundo fantástico podia significar o fim deste; antes de mim, ele podia existir em sua mente, paralelamente ao que convencionamos chamar mundo real, sem que houvesse um elo que objetivasse a possibilidade de intercomunicação dos habitantes de um para com os do outro. Mas a minha existência vai estabelecer a comunicação, o conflito: se eu sou real e penetro em suas bruxarias, a mágica se desfaz. Mas é preciso que sua mágica se desfaça na medida exata da possibilidade de fazê-lo utilizar sua fantasia e não ser dominado por ela. Em outras palavras, que ele possa ser capaz de utilizar a grande magia que é própria de todo ser humano, a magia de ser uma criança. Mas para que isso aconteça sinto que me devo tornar, para ele, um ser real – personagem de suas criações mentais. O trabalho com uma criança ressalta esses aspectos que são comuns a todas as análises, mas que, pela própria natureza do trabalho analítico com crianças, ficam objetivados na atividade lúdica do analista. Posso exemplificar com um modelo cinematográfico em que vemos personagens reais dançando ou conversando com desenhos animados.

Coloco-me então, para ele, como alguém que ele pode pensar ser como uma criança ao mesmo tempo que um adulto. Como uma criança pode viver isso?

Acredito poder falar em termos de uma nova dimensão no existir, uma espécie de realidade fantástica que inserimos concretamente na vida de uma criança e que se vai amalgamar às suas outras experiências, transformando-as e se diluindo. Parafraseando Winnicott, devemos colocar-nos de tal modo que o paradoxo "eu existo, mas você pode me inventar" nunca venha a ser desmascarado, apenas vivido num determinado estágio (quando bebê ou numa análise).

Para terminar, assinalo ainda que o Fabrício que exponho é fruto de minhas observações e de minhas ideias. Mas meu contato com ele é real e vivido. Se o que eu penso pode corresponder às dificuldades do menino que é Fabrício, acredito que haja uma possibilidade de fazê-lo elaborar algo de fundamental que parece ter sido impossível em outra época. Posso tentar fazer que ele perceba que existe outra forma de ser, um homem, um menino, um papai, e que para isso vamos enfrentar juntos angústias que dizem respeito à própria possibilidade de ser.

Se criar um papai foi uma tarefa impossível para um bebê, será possível que eu e este menino consigamos realizá-la juntos?

Detenho-me aqui, diante do enigma proposto, que é o próprio enigma da existência de quem chamei Fabrício. Quem tem a chave da Adivinha?

Deixo com vocês a imagem que tenho em mente: Fabrício – um menino com suas bonecas.

Referências

Bion, W. R. (1991). *O aprender com a experiência*. Rio de Janeiro: Imago. (Trabalho original publicado em 1962)

David, C. (1975). La bisexualité psychique. *Revue Française de Psychanalyse, 39.*

Green, A. (1975). La sexualisation et son économie. *Revue Française de Psychanalyse, 39.*

Klein, M. (1970). Primeiras fases do complexo de Édipo. In M. Klein, *Contribuições à psicanálise*. São Paulo: Mestre Jou. (Trabalho original de 1928)

Winick, C. E. (1972). *Unissexo*. São Paulo: Perspectiva. (Coleção Debates)

Winnicott, D. W. (1975). *O brincar e a realidade*. Rio de Janeiro: Imago.

7. Reflexões sobre o tema: técnica de psicanálise de crianças[1]

O tema sugere qualquer coisa como uma especialidade. Ser criança seria uma espécie rara de ser, tão rara que devesse ser colocada em redoma e tratada por "técnicas especiais". Mas não me sinto bem em falar em "técnica" quando se trata de psicanálise e ainda mais de crianças. "Técnica" pressupõe a aplicação de um conjunto sistematizado de conhecimentos visando a uma modificação e utilização de uma realidade dada, segundo uma "filosofia" ou "ideologia" quase sempre escamoteadas. Manipula-se a natureza, o espaço cósmico, a vida biológica, a vida mental, por técnicas específicas, sem que nunca ou quase nunca nos perguntemos em nome de que e o que se pretende com isso. A tecnologia realiza, em muitos setores, a façanha do homem como demiurgo, sem que se lhe questione, quando do *fiat lux*, que luz é essa.

1 Palestra proferida em mesa-redonda na Sociedade Brasileira de Psicanálise de São Paulo (SBPSP), em 30 de setembro de 1981. Uma versão deste capítulo foi publicada anteriormente em *Revista Brasileira de Psicanálise*, *16*(159), 159-170, 1982.

Vou, pois, substituir a palavra "técnica" por duas outras que considero mais significativas e que, como já consagradas, julgo útil aproveitar: o *setting* (espaço e tempo da sessão) e a interpretação ou o diálogo analítico, e mudo o título do tema para:

O espaço, o tempo e a interpretação na psicanálise de crianças

Como se vê, está em jogo a minha versão de psicanálise e a minha versão de crianças.

Vou falar do lugar do analista que sou ao apreender o jogo de relacionamentos que ocorre, no caso específico com crianças, mas poderia ser com adolescentes ou adultos. É a minha posição como analista que coloco em lugar da "técnica", e nesta posição incluo um conjunto de conhecimentos adquiridos, as minhas análises, a minha formação, a minha história de vida, o meu pensamento, a minha sensibilidade, enfim, o meu existir.

Começo, pois, para falar de psicanálise, de dentro de uma sala, num tempo determinado pelo relógio. Nesta sala, mais ou menos ascética, mas que considero confortável, me proponho a receber uma criança. Além de mim, coloco também brinquedos, como um elemento que se supõe razoável para a comunicação com crianças. Mas existem outros elementos para serem utilizados: palavras, silêncio, quietudes e agitações, como em qualquer outra análise. O que vai ocorrer ou não é a possibilidade de brincarmos juntas, ou conversarmos juntas, ou permanecer em silêncio juntas. O que vai ocorrer ou não é a possibilidade de um encontro e que, por certas circunstâncias, pode acontecer nesta sala e comigo.

Tenho para mim que este espaço e tempo da sessão, por mais determinados que devam ser, são apenas fragmentos de um *continuum* indeterminado de espaço e tempo a que chamamos vida. O *setting* é, para mim, a unidade simbólica de um dever mais amplo e que, pela função simbólica que possui (e é nesse sentido que se justifica sua regularidade e ascetismo), deverá poder conter tudo o que pode acontecer em qualquer outro espaço e tempo; e este espaço e tempo simbólicos devem ser trabalhados para que um dia possam ser rompidos sem que haja uma solução de continuidade na vida dos que os criaram (sempre que possível, assinalo que o lugar que ocupo, em suas fantasias, poderá ser preenchido, algum dia, por outras pessoas).

Mas por enquanto estamos apenas começando, nós duas. Eu e a minha criança, envoltas pela bolha de sabão que resolvemos soprar, vamos inventar um roteiro para existir no mundo. Nunca começo uma análise sem que a criança me conheça antes e, dentro do seu possível, concorde em vir para esta sala. Porque esta sala vai ser tudo. A criança concretiza objetivamente este fato quando é capaz de utilizar plenamente sua capacidade de brincar. E chamo de capacidade de brincar quando a ilusão, a fantasia e o pensamento podem subsistir para recriar um espaço e tempo novos em que se viver e dotar as pessoas com as qualidades mágicas que um brinquedo pode ter. Posso dizer que a criança, quando brinca, realiza o que o adulto anseia por reencontrar, ou seja, algo que faça sentido, uma função lúdica que proporcione o prazer de existir.

É triste o adulto que não sabe mais ser também criança.

Diz Fernando Pessoa, meu poeta querido:

Criança, era outro...

Naquele em que me tornei

Cresci e esqueci.

Tenho de meu, agora, um silêncio, uma lei.

Ganhei ou perdi? (Pessoa, 1955a)

Mas vamos supor a situação dramática que ocorre (sempre que nos procuram) da criança incapaz de brincar (ou do jovem, ou do adulto). Pode até acontecer que eles possuam uma "técnica" de manipulação dos objetos, das pessoas, das palavras, mas na qual posso perceber que o espaço e tempo simbolizados foram fixados como únicos e definitivos, transferindo ao *setting* concreto da sala e do tempo da sessão a imutabilidade de uma criação eterna. É como se o tempo não devesse transcorrer nem o espaço se modificar. Mudos, fixos e eternos, é como se eu e a criança (ou o jovem, ou o adulto) devêssemos realizar um desejo de eternidade que Fernando Pessoa (volto sempre a ele) retratou assim: "Ah, se fôssemos duas figuras num longínquo vitral!..." (Pessoa, 1942).

Se supusermos que a rigidez de um tempo e espaço permanece imutável, estabeleço que nesse acontecimento pode estar presente o ideal autista da não discriminação, da simbiose total. O tempo não transcorre, o espaço não se diversifica, a mágica não se realiza: não somos, e por isso podemos ser um só, ser tudo ou não ser nada.

Mas eu tenho que interferir nesse ideal, ansiado, de morte psíquica, cuja ilusão mortífera é denunciada (fora do autismo propriamente dito) pelas vicissitudes do que chamamos teoricamente as relações esquizoparanoides.

Mas por que tenho que interferir? Apenas porque meu título de psicanalista a isso me dá direito? Mas o que é ser psicanalista para mim? Ou devo interferir porque, como se trata de uma criança, estou diante de manipulações de vida que não correspondem ao desejo dos pais? Nesse caso eu seria apenas o instrumento pedagógico de uma adaptação social preestabelecida.

Vou tentar esclarecer por que interfiro e como interfiro, porque isto tem a ver com o meu modo de encarar a psicanálise e a vida, e que está presente em mim tanto aqui como agora como em qualquer outro "aqui e agora" em que eu estiver.

Tenho para mim que o "aqui e agora" são momentos provisórios de um vir a ser que não posso mais deter. Minhas análises me proporcionaram este sentimento e a possibilidade de pensá-lo. Sei que uma criança vai se transformar, como eu mesma pude e posso ainda transformar a criança que tenho em mim. No que e como nos vamos transformar é o mistério a ser percorrido quando estivermos juntas. Mas o mistério maior, que é a própria possibilidade de transformação ocorrer, deixo permanecer intacto.

Acredito que uma criança possua este dom (nunca é demais relembrar M. Klein e sua concepção de um núcleo primitivo de integração, o bom agindo desde os primórdios do desenvolvimento diante das angústias persecutórias atuantes [Klein, 1962, p. 255]) e que me cabe apenas fazê-lo vir à tona, e, quando isto acontece, prefiro pensar-me como consequência de sua evolução e não como causa (mesmo que ambas não possam ser discriminadas dentro de mim). E que, como consequência, posso ser apenas uma entre outras, como família, escola, profissão, trabalho, amigos ou qualquer outra situação ou pessoas que ela possa privilegiar. Como causa eu talvez fosse única e outra vez a rigidez se instalaria.

Exemplifico com o meu relacionamento com uma criança de 3 anos e alguns meses:

Ela diz: "Vou brincar sozinha, esta sala é minha, os brinquedos são meus, não me olha, eu não gosto de você..." (no início, esta criança quase não falava comigo; amassava massinha o tempo todo).

Eu digo: "Eu também sou sua; sou o brinquedo de que você não gosta, a mamãe que você não quer; vou ficar aqui quieta, jogada no canto".

No transcorrer da sessão ela pede que eu faça alguma coisa para ela ou por ela, e seu tom muda. Fala dengosa, chega-se a mim. Mas, se percebe meu interesse pelo brinquedo, volta a se isolar, me obriga a ficar quieta e destrói o que foi feito. Ela me manipula nesse momento. Utiliza sua "técnica de brincar", mas não se envolve nem me deixa envolver. A criatividade de brincar que pode existir num lapso curto de tempo se rompe. Podemos pensar na inveja de emoções que não se permite ter, numa tênue percepção de que o meu brincar é diferente, e que o prazer pressentido em mim a ataca e a obriga a atacar. O tempo não permanece mais imóvel como logo no início de sua análise, mas deve ser retido o máximo possível dentro de angústias persecutórias intensas. Neste momento não aponto que o seu usar-me pode ser a necessidade de predomínio, ou vingança, motivadas talvez por uma inveja específica determinada (eu ser grande, eu ser mulher, sua mãe esperar outro bebê); nem enfatizo sua técnica dengosa de utilizar-me (pois acho que seria romper cruelmente a única possibilidade de contato que tem neste momento). Executo o que ela me pede sem extravasar-me. Apenas estou aí, com prazer, e, se não me iludo com o seu dengo, nem me sinto atacada pelo seu predomínio, reservo um espaço para pensá-los. Como acredito que o vislumbre de sua pequena emoção não permitida possa abrir caminho para a sua permissão, tento integrar todos os aspectos e digo mais ou menos assim: "A Nana não me deixa brincar junto, mas faz de conta que eu brinco também. Acha gostoso ter a Myrna, mas isso dá também muita raiva".

Acredito que esta emoção, captada no sentido do prazer, é inerente à criança, como é inerente em mim o prazer de brincar com ela. É ela que tem o direito de se pensar, quando puder, como elemento fabricante de suas próprias emoções, principalmente as que falam de amor. A invenção tem que ser dela, senão a própria criatividade se paralisa e podemos recair na imobilidade fatal, mas que seria, pelo menos, autêntica.

Na criança isto é extremamente evidente. A necessidade de ela ser ela mesma (em contraposição ao adulto ou outras crianças) é sempre preservada como uma fortaleza intocável (mesmo que este "ela mesma", porque fixado num equívoco primitivo, a faça sofrer).

Minhas intervenções visam sempre a mostrar que outras dela mesma podem ser criadas e existir; e que inventar-se brincando com prazer é uma tarefa que vale a pena.

Como veem, falo de mim, da psicanálise, da vida de relacionamentos. Criar-se é criar um outro passível de se criar e de criar outros. Tenho para mim que tudo isso é um *continuum* de emoções retransmitidas em cadeia. A função do analista, quase sempre porque isto foi perdido por quem nos procura, e restabelecer a emoção amorosa criativa, quase sempre submetida pela cadeia de ódio, ou de inveja, ou de lógica, ou de raciocínios, ou de necessidades, ou de autoritarismos e submissões que estão preponderando no circuito do relacionamento. Incluir o amor como elemento predominante não excluirá todo o resto, mas acho que um mundo novo pode ser criado e o pensamento existir na sua verdadeira plenitude.

É este compromisso que estabeleço com as minhas crianças. É o que sinto agora e me foi legado por muitas pessoas. Sei que existir pode também ser um prazer e que este é o *foco de equilíbrio*. E espero que minhas crianças alcancem isto. Os medos, as angústias, as ansiedades trabalhadas para que esta convicção subsista estão sempre presentes em mim; e sei o quanto é importante que alguém possa conter estes aspectos sem perder o prazer de se relacionar conosco, mesmo quando sequer podemos vislumbrar que isso será possível para nós, perdidos que estamos na dor, na angústia, no luto.

É preciso, pois, que o analista possa sentir em si esta capacidade de conter o ódio, a dor, a inveja, a agressão, para que se possa restabelecer a cadeia amorosa. E todos nós, que trabalhamos com crianças, enfrentamos este fato com uma evidência concreta, o que muitas vezes é sutilmente camuflado no adulto.

É no momento em que a criança mais nos ataca, mais nos provoca, mais nos agride que ela quer ser aceita e querida. A criança coloca entre aspas o paradoxo da "prova de amor": "eu sou assim e quero ser aceita assim; não vou mudar para você me amar porque então seu amor não teria valor; mas se eu não mudar até posso ser amada, mas não vou amar e novamente estou perdida". Reverter a face da moeda e modificar o paradoxo é a função do analista: "você não precisa mudar para eu amá-la, mas porque eu acredito que você também é capaz de amar é que uma transformação pode ocorrer e você até poderá escolher se quer me amar ou não. Sei que você se pode transformar, mas não é necessário que essa transformação seja para mim, ou só para mim".

Temos então que, muitas vezes, a criança se modifica em outros aspectos da vida. Aceito que essa transformação ocorra mesmo que nem eu mesma, às vezes, saiba por quê. Exemplifico com uma criança de 9 anos. No início de sua análise era tão intensa sua angústia que a impedia de se afastar da mãe, de frequentar a escola e de, muitas vezes, permanecer na sessão sem a mãe. Este medo foi se atenuando, passou a jogar baralho. Há muito tempo jogamos baralho. E ele consegue sair sozinho, ir à escola, vir à sessão desacompanhado. Às vezes eu digo a ele algumas destas coisas. Ele quase não fala. "Acho que temos um baralho mágico; só jogamos e você me conta que está conseguindo várias coisas. No momento não sabemos por quê. Quem sabe um dia a gente vai poder pensar o que te causava tanto medo." Sempre sorri encabulado e diz: "Vamos jogar?".

Jogamos tanto que nossos *scores* estão quase sempre empatados. Será isto que apazigua esta criança? Será que este é o seu modo de gostar de mim, embora possa ser, lá fora, mais feliz de outros modos? Ganhar e perder, para esta criança, é possível desde que seja mantido um certo equilíbrio nas perdas e ganhos dos dois parceiros. Confesso que às vezes não deixo o *score* aumentar muito para mim. Acho que se isso não parar e ele tiver que me largar assim, prefiro que ele saia ganhando de mim, ou empatados, como quase sempre acontece. Seu terror vinha, acho eu, de um ódio pelo pai e irmão que ele acreditava sempre tão melhores que ele (pensar que eles morressem era um de seus medos), que a figura materna (por frágil e infantil) parecia ser a única a necessitar dele e da qual ele não podia se separar.

Penso que se eu não necessito ganhá-lo, ou ficar com ele, se eu posso ser igual a ele e gostar disso, ele pode sair, brincar mais, ir à escola. O baralho que nos liga do mesmo modo realiza simbolicamente nossa separação. Eu estou de um lado e ele do outro. Pelo menos podemos ser dois, ainda que empatados. O baralho entre nós e as sessões de análise entre ele e o seu medo. Um dia talvez possamos falar desse medo que eu contenho. Estou tentando. Se eu sou o pai ou o irmão de quem ele ganha, ou a mãe da qual ele já pode se separar porque eu também ganho, vou assinalando isto apenas levemente, esperando que ele me dê o sinal de passagem para a totalidade de minha mensagem. No momento ele sente que eu jogo e gosto de jogar com ele. Espero ter tempo de poder levá-lo a inventar outros brinquedos que lhe agradem, inclusive o de pensar o seu medo e o seu bem-estar.

Mas muitas vezes isto pode não ocorrer. A análise acaba antes, ou porque são retiradas. ("melhoram tanto") ou porque querem mesmo se retirar por acharem que não precisam mais vir. Mantê-las seria descrer de suas possibilidades ou estabelecer uma vitória fatal, na qual se manteria o conluio autoritário: "Você consegue isso lá fora porque está aqui comigo, e só por isso". Prefiro deixá-las ir, na crença de percorremos uma parte do caminho e isso vai continuar existindo dentro delas, com a possibilidade de encontrar em sempre um outro alguém para caminhar junto. Não há no momento lugar para pensar o mundo novo que criamos. Mas querer vivê-lo já é possível. Análise é um movimento em aberto, assim como a vida.

Mas há aqueles casos em que tenho a impressão de que nada pude fazer além de permanecer ali, à espera de um prazer de estarmos juntas que nunca ocorreu. Trabalhei com uma menina dos 11 aos 13 anos. Era filha adotiva. Nunca senti que fui adotada por essa menina. Seu vir-me-ver era uma obrigação imposta pelos pais, e ela sempre pensou assim. Não pude fazê-la me inventar de um modo diferente. O tempo e o espaço, fixos em sua mente, eram um tempo longínquo, quando foi arrancada de um lar (aos 2 anos) cuja perda não pôde enfrentar. Para mascarar esta violência, nunca admitida, optou por uma exuberância de gestos, de ser social, que encobre o vazio que se estabeleceu. Nos raros momentos em que isto pôde ser visto não me foi possível ou não fui capaz de dar-lhe a mão e ultrapassar com ela o ódio, a dor, a separação. Ela dormia. Nada disso podia existir e, portanto, nem existia o prazer. Afastava-se de mim concretamente, reduzindo o tempo da sessão, negando-se a entrar, ou então, quando entrava, cantava e representava para mim cenas de seu *ballet*. Eu era espectadora e nunca pude ser mais do que isso. No entanto, eu sentia, e via, e percebia, uma linguagem tão encantadora no seu corpo em movimento que muitas vezes tentei transmitir-lhe isso; que o seu corpo tinha recursos de criar beleza. Faltava-lhe, como se diz na dança, colocar uma alma.

Ela não pôde me ouvir ou não acreditou. Acho que não desvalorizava o seu dom, mas guardava-o como um prazer solitário, o único autêntico que tinha (dizia-me que dançava horas, em casa), fixando na precisão e beleza dos movimentos toda uma outra vida que teria sido possível, esta sim, ser dançada. Não pude fazê-la perceber que esta arte era sua criação e não de qualquer dos pais (verdadeiros ou adotivos). Espero poder rever essa menina ou que um outro possa fazê-lo por mim. Quando aceitei sua recusa de continuar a vir, ousando com ela romper a submissão que eu sabia existir ao desejo dos pais de que fizesse análise, apostei na sua dança e no seu corpo.

Ela dançou para mim o que pôde, e esta conjunção não pode mais ser desfeita, mesmo que seja desprezada, desvalorizada e até negada, como ela o fazia comigo. Mas quero acreditar que alguma coisa se transformou, dentro dela, quem sabe um gesto, que eu não cheguei a captar, mas que poderá fazê-la, um dia, "procurar sua alma".

Porque eu sei que me transformo a cada contato. Algumas transformações são mais evidentes, outras mais tênues, mas sei que não posso mais me aprisionar numa ficção eterna de mim mesma e sofrer o destino de ruína antecipada. A percepção deste fato é a dívida de gratidão que tenho para com meus analistas. Pago-a nas pessoas de meus analisandos. Sou apenas o elo da cadeia, num momento dado, da alegria possível de se perceber vivendo e das renúncias necessária para que este viver seja poder privilegiar o amor. Para isso temos que passar pelo ódio, pela inveja, pela agressão, pelo desprezo, e sairemos mais machucados; mas a vida fica mais plena se um momento de união puder ser buscado e às vezes vivido.

Algumas análises realizam isso no "aqui e agora" da nossa sessão; outras o mantêm apenas em potencial. Mas se amarmos e acreditarmos na capacidade de amar do outro, podemos esperar. E dessa espera sairemos mais ricos.

Há uma criança que tem que crescer e continuar sempre brincando. É este fluir de si para si mesma que norteia o meu diálogo com ela. Espero transmitir a minha convicção de ela vir a ser amante e criadora de sua própria vida, e que isto lhe lembre, sempre, qualquer coisa como uma criança brincando.

Uma criança me disse, após falarmos, desenhar e representar tantos monstros e vampiros e super-homens, que sentiria saudade da cortina da sala. Outra ficou triste por terminarmos, mas sabia que podia partir; sua mãe havia morrido quando ele tinha 2 anos, e agora ele se despedia da analista, mas podia inventar outros brinquedos, o que antes não era possível – estudava, jogava futebol, tinha amigos e sabia que ele mesmo teria que criar sempre uma mamãe para cuidá-lo, como me havia permitido "cuidar" dele por certo tempo. A outra, a que não me encontrou, me deu um beijo na hora da despedida. Foi o único momento em que a vi comovida e já não havia tempo para falarmos disso; esse momento era só dela. E deixei-a partir.

E acredito em todas. Vão viver e sabem, mesmo as que se negaram, que alguém pode estar esperando por elas. E poderão voltar, pois acredito que terão uma chance maior de um dia se encontrarem, mesmo que através de muitos descaminhos e muita dor.

Há uma criança que tem que crescer, mesmo que leve a vida toda para isso. Pois saber do amor e do ódio é um saber tão vasto que nunca termina. É o grande sertão, uma das veredas do qual eu chamo de psicanálise.

E este saber não pode ser teoricamente transmitido, nem mentido, nem manipulado, nem artificialmente criado. Tem que ser vivido para ser pensado. A cada momento e por cada elemento do par ou do grupo. Este saber, uma criança o tem brincando. E os poetas o pressentem. Por isso pego o meu Fernando Pessoa ao colo, a minha grande criança esquecida, que tanto se perdeu para se achar, quando, afinal, tudo estava dentro de si mesmo, e digo com ele, a duas vozes:

A criança que ri na rua,
A música que vem no acaso,
A tela absurda, a estátua nua,
A bondade que não tem prazo –

Tudo isso excede este rigor
Que o raciocínio dá a tudo
E tem qualquer coisa de amor,
Ainda que o amor seja mudo. (Pessoa, 1955b)

Referências

Klein, M. (1962). Nota sobre alguns mecanismos esquizóides. In M. Klein, P. Heimann, S. Isaacs, & J. Riviere. *Desarrollos en Psicoanalisis*. Buenos Aires: Hormé.

Pessoa, F. (1942). Hora absurda. In F. Pessoa, *Poesias* (p. 21). Lisboa: Ática. Recuperado em 22 de abril de 2021 de http://arquivopessoa.net/textos/829.

Pessoa, F. (1955a). Criança, era outro... In F. Pessoa, *Poesias inéditas (1930-1935)* (p. 182). Lisboa: Ática. Recuperado de http://arquivopessoa.net/textos/343

Pessoa, F. (1955b). A criança que ri na rua, In F. Pessoa, *Poesias inéditas (1930-1935)* (p. 173). Lisboa: Ática. Recuperado de http://arquivopessoa.net/textos/2654

8. Estilos, trajetórias e mudanças na psicanálise de crianças[1]

Quando pensamos na contemporaneidade e nas aquisições que a evolução dos tempos nos trouxe, parecemos estar continuamente diante do risco do desprezo pelo ontem, como se só os novos saberes fossem valiosos e dignos de dedicação e atenção. O mesmo parece se passar quando olhamos para os nossos começos enquanto analistas, quando a compreensão adquirida ao longo da formação por meio do conhecimento mais profundo de nós mesmos, paralelamente à apropriação dos aportes teóricos, tende a nos levar a um desprezo pelos tempos de começo. Ledo engano. Para sermos analistas de criança, bem como para podermos acompanhar a criança no adulto de nossos pacientes, precisamos não desprezar a criança em nós mesmos, tampouco desvalorizar nossas épocas de infância.

Foi nesta linha de pensamento que dialogamos com Myrna Pia Favilli e Audrey Setton Lopes de Souza, numa agradável e sensível

1 Entrevista concedida por Audrey Setton Lopes de Souza e Myrna Pia Favilli. Uma versão deste capítulo foi publicada anteriormente em *Boletim do Departamento de Psicanálise da Criança*, *7*, 7-15, 2005.

conversa que nos lembra que o ontem e o hoje se entrelaçam, compondo o que talvez pudéssemos chamar de *desenvolvimento*.

Boletim – Se tomarmos a psicanálise de crianças, desde seu início até hoje, poderíamos dizer que houve mudanças significativas em relação ao *setting*, à interpretação, à postura do analista, ao longo dos últimos trinta anos?

Myrna – Bem, o que acontece hoje são vocês que me contarão. Posso falar sobre o ontem – que acho que ainda é hoje também, com algumas modificações. A análise de crianças sempre foi algo muito criativo. Minha origem e formação são kleinianas, o que acho importante até hoje. Mas há o Ferrari, por exemplo, que fez uma modificação válida. Entendo que na análise de criança – como na de adulto – você tem que deixar acontecer: tem-se uma sala mais despojada porque a criança tem o direito de poder fazer tudo e o analista não ficar aprisionado num sistema de perigo.

Quando se lida com crianças, tem-se que tomar cuidado com janelas, dispor de móveis que possam ser manipulados mais facilmente, sem falar na célebre caixa kleiniana, com a família, tudo sem muito direcionamento. Aliás, atualmente, parece-me que isso está sendo questionado, tenho ouvido falar em dar-se um pouco mais de estrutura para os brinquedos: os que eu tinha em minha caixa eram pedaços de madeira recortados, sem pintura, a criança pintava.

Audrey – Hoje trabalhamos com aqueles bonecos de pano articulados...

Myrna – Quando iniciei minha prática, essas coisas não existiam. Tinha-se que arranjar marceneiro para fazer. Além disso, colocavam-se as famílias de bichinhos domésticos e selvagens, bolas...

AUDREY – Aquele esquema clássico da Aberastury...

MYRNA – Da Melanie Klein, o da Aberastury. Mas, para dizer a verdade, eu tive crianças que inventaram, que trouxeram coisas, a criança trazia brinquedos próprios e, conforme a necessidade, eu colocava brinquedos específicos para aquela criança. Tudo isso é inovação de *setting*. Mas também, tratava-se de crianças que tinham uma temática muito própria, que exigiam uma situação diferente.

AUDREY – Estava me perguntando se essa ideia do ontem e do hoje teria a ver propriamente com o tempo passado e presente ou com a evolução pessoal do próprio analista que, num primeiro momento, trabalha de uma forma muito rígida. Tem que ser tais brinquedos, não pode entrar, não pode sair...

MYRNA – É, havia uma justificativa metapsicológica, uma questão de quanto mais você preserva a "neutralidade" possível do brinquedo, a projeção vai estar muito mais próxima da fantasia da criança do que uma coisa muito estruturada. Estamos falando da analogia com o sonho, não estamos com a analogia da palavra, estamos com a analogia do sonho. O material de que é feito o sonho é desde o mais esfumaçado até o que é possível ser organizado.

Entendo que a própria criança é quem, praticamente, monta o seu *setting*: tem aquelas que nem olham para a caixa, aquelas que não falam nada, as que já vêm com todos os bichos, o cachorrinho.... Quer dizer, ao lidar com crianças, se você for rígida, você...

AUDREY – ...Não está com a criança.

MYRNA – Sim, porque a criança desorganiza o analista. Lembro-me do meu primeiro pacientinho, quando eu estava começando a trabalhar com crianças. Havia toda essa preparação: a caixa, o *setting*, a água, uma bacia com uma jarra de água, porque não tinha torneira, era uma sala improvisada no quintal, tudo assim bonitinho, montado para esperar o herói que iria chegar de 5 aninhos.

Quando entramos na sala, logo depois de fechar a porta, levei a maior canelada da minha vida. Naquele dia, não tivemos sessão, nada daquilo que eu esperava aconteceu. Em vez disso, passei a sessão inteira segurando o menino. Era aquele tempo em que se usavam aquelas botinas pesadas para corrigir a posição do pé, e ela ainda tinha uma chapinha de metal... Bem, sangrou até. E aí, era eu sangrando e segurando o menino, acabou-se ali toda a ilusão de que agora eu vou trabalhar de algum modo assim mais "bonitinho". Foram meses de um trabalho que era basicamente de segurá-lo e, às vezes, brincar, mas um brincar que se eu me distraísse levaria uma canelada. Então você tem de estar disposta a esse tipo de troca corporal, troca lúdica, de poder estar disponível para uma entrega praticamente total. Claro que se tem certos modelos e limites, que dependem de cada pessoa e da condição física do analista naquele momento, como para jogar futebol. Aquele que vai e que brinca com a caixinha é o filé mignon da análise de crianças.

Boletim – Você diria então, Myrna, que essa inserção do corpo como algo muito presente na relação terapêutica é uma característica no trabalho com crianças?

Myrna – Não pensaria num corpo no sentido de um corpo atuante...

Boletim – Temos que nos movimentar, brincar, levar canelada...

Myrna – Você tem que ter uma performance lúdica, que é o corpo brincante, é o sistema de comunicação, porque não tem outro.

Audrey – O analista é chamado para outro tipo de comunicação que não somente o verbal.

Myrna – Tem-se que interagir como se fosse um sonho, como um personagem do sonho. Tem crianças que correm, pulam no seu colo, dão pontapé, agridem, ou então jogam balde de água, já levei banho de água...

Audrey – Essa ideia de você ser personagem do sonho é interessante, você entrar como um personagem do sonho...

Myrna – Com a criança, entramos na fantasia. Muitas vezes eu interpretava pela voz do personagem que eu tinha sido designada para representar. No brincar já há uma interpretação envolvida, você tem que se inserir dentro desse sistema para ter uma comunicação com a criança. A não ser que a criança não permita ao analista falar nada além daquilo que ela mandou.

Audrey – Mas você não acha que isso nos obriga a pensar na interpretação de outras formas, por exemplo, que se vai interpretar via um personagem ou que o próprio brincar de uma forma diferente já é uma interpretação?

Myrna – Tenho até um trabalho publicado num congresso da Federação Psicanalítica da América Latina (Fepal),[2] o do Marcelo, em que eu falo da interpretação. Há também o do Fabrício.[3]

Boletim – Levando em conta os dois trabalhos e a diferença de tempo entre eles – Fabrício, de 1977, e Marcelo, 1988 –, sua postura interpretativa pareceu-nos um pouco diferente em cada um deles. No caso do Fabrício, algo mais verbal, no do Marcelo, mais "vivencial".

Audrey – Mas será que não tem a ver com o que cada paciente pede?

Boletim – Pode ser que seja uma característica do atendimento de cada um, mas a impressão que nos deu lendo o do Fabrício é que havia o tempo todo uma verbalização, uma explicitação do

---

2 "Interpretação em psicanálise de crianças", apresentado no XVII Congresso Latino-Americano de Psicanálise, realizado em São Paulo, em 1988.

3 Ver, neste volume, o Capítulo 6.

que estava acontecendo; já com o Marcelo, isso ficou mais fluido no texto, sem tanta necessidade de ser colocado em palavras.

Myrna – Sim, o Marcelo tinha um modo de brincar, de sonhar, muito diferente do Fabrício. Então, concordo com o que a Audrey diz a respeito de serem características de cada um determinando posturas diferentes do analista.

Boletim – A senhora não coloca como fruto de uma mudança de postura, relacionada a pontos de vista teóricos?

Myrna – É interessante, vocês estão me trazendo um dado que eu não havia considerado. Vou reler e levar isso em conta.

Boletim – Com relação às mudanças entre o ontem e o atual, entraria aí também, além das características de cada paciente, a própria maneira de se escrever um trabalho ou a forma de apresentá-lo?

Myrna – Lembro-me bem dos casos, mas não de detalhes de como os apresentei. De qualquer forma, são casos que marcaram mais, como o do Pedrinho, do qual me recordo bem, um atendimento em que eu não sabia o que aconteceria um dia depois...

Boletim – A outra questão que nos pareceu influenciar as tais mudanças é a decorrente do próprio desenvolvimento do analista.

Myrna – Sim, já faz algum tempo que eu não atendo crianças, mas eu supervisiono os casos. Percebo essas mudanças na profundidade da observação. É claro que o analista evolui, mas é necessário não invalidar o caminho percorrido. Essa é proposta do Ferrari, por exemplo, de ir formando a caixa com a criança, a partir de coisas que ela mesma vai pedindo, não se daria a caixa pronta de antemão a ela. Mas não conversei mais detalhadamente com ele a esse respeito. Eu pensaria mais em apresentar uma caixa com aquele básico e ir introduzindo novos elementos que forem se fazendo presentes e necessários.

AUDREY – Penso que essa questão de escolher os brinquedos nos leva ao risco de alguma questão fora de um foco de observação. Por exemplo, às vezes, tem-se um revólver dentro da caixa e a primeira coisa que a criança diz é "esse não".

MYRNA – Essas seriam aquelas coisas que não poríamos, são as tais "muito organizadas", que já surgerem, ou seja, qualquer objeto dentro da caixa pode ser revólver. Mas, atualmente, vocês é que têm que me dizer, acho que as crianças ainda brincam...

AUDREY – Elas continuam brincando como antes...

BOLETIM – Depois da primeira decepção de que não tem *game boy* e *video game*... (risos).

MYRNA – Mas trata-se sempre da competição, da rivalidade, o Édipo precoce, o interior do corpo da mãe, a figura combinada, objeto transicional, o ursinho, qualquer que seja a teoria que você decida usar, você tem todo um mundo em que a criança espelha o seu viver, o seu mundo interno, algo que está evidente. Quem trabalha com crianças faz psicanálise o resto da vida com qualquer idade, porque o mundo interno está ali, a criança tem toda a disponibilidade para nos contar essa história psíquica que se passa. As crianças bonitinhas vão se organizando, toda essa história trágica vai sendo elaborada, simbolicamente vivida. Mas as crianças que geralmente nos aparecem trazem uma tragédia interna.

AUDREY – Quase precisam começar a brincar, na verdade.

MYRNA – Elas trazem uma tragédia interna que nos vemos quase obrigados a fabricar um sonho externo; a sessão nada mais é do que poder começar a brincar, começa a sonhar. Como aquelas crianças que não brincam nada, que ficam num canto, têm que aprender a simbolizar. Esse menininho que entra dando uma canelada, ele não tinha a possibilidade de articular um brincar. E são essas crianças as que mais nos ensinam, as que mais nos obrigam a ser um analista criativo.

Audrey – É por isso que acho que não é uma questão de ontem e hoje, num sentido de tempo, mas do que você vai aprendendo se você tem um pouco mais de liberdade no contato com as crianças. Esses contatos nos obrigam a ser criativos, claro que sem abandonar a teoria e seus fundamentos. Mas, de qualquer forma, vamos tendo que descobrir como, com aquela criança, podemos achar um jogo e uma forma de conversar sobre aquilo, porque tem o "cala a boca", tem a canelada...

Myrna – Há toda uma gama de fantasias terroríficas sobre os pais, de persecutoriedade. A teoria kleiniana me faz muito sentido ao falar das posições esquizoparanoide e depressiva, e assim pode lidar com elas. Principalmente para quem está iniciando na clínica, levar em conta essas posições ajuda a organizar o pensamento, compreender o tipo de defesa que está em jogo, o tipo de relação objetal, o tipo de posição predominante no momento. Quando, de algum modo, você sente que o ego está em perigo, você tem mais ou menos articulado, mentalmente, um sistema de vínculos ou de ataque aos vínculos que o organiza, para você poder, dentro do sonho, saber "que sonho estou sonhando". Se extremamente percutório ou se mais numa posição depressiva, o que lhe dá o predomínio de outra pulsão, predomínio de relação de objeto total ou Édipo precoce e as defesas mais estruturadas e a reparação, mesmo as mais obsessivas, as maníacas. Aí temos um grande painel por meio do qual dá para se ter certa orientação de que níveis de fantasias e níveis de angústias estão sendo vividos. Pode ser kleiniana, pode ser a situação de ilusão, desilusão do Winnicott, pode ser a introdução de um objeto transicional. Eu não tenho nenhum fanatismo teórico, utilizo as intuições, as belíssimas intuições dos analistas que se debruçam sobre a história das crianças, e você aprende a ser esse analista mais rico, porque se um pode ser assim e o outro pode ser assim, por que não posso fazer uma teoria do meu jeito um dia?

Audrey – Você acha que há um mito que diz que o analista kleiniano interpreta muito?

Myrna – Mas é preciso pensar: quem é o kleiniano? Eu não consigo pensar assim, ou seja, que existe um analista kleiniano e que faz só isso e não lê os outros autores.

Audrey – Você tem uma formação kleiniana. Gostaria de discutir essa ideia da interpretação, porque os kleinianos são supostamente muito questionados por "interpretar demais", "não dar espaço para a criança brincar", "tudo tem significado", pelo menos quem está de fora fala assim. Mas ouvindo você, agora, penso que não é bem isso.

Myrna – Bom, só se você for brigar com a criança, ela te dá um pontapé e você dá outro nela. Acho que os analistas que se enriquecem com as contribuições de vários autores enriquecem o seu *setting*, é automático, o analista cresce por aí. Aliás, a grande contribuição da Sociedade Brasileira de Psicanálise de São Paulo (SBPSP) sempre foi essa riqueza de teorias que temos no curso oficial ou nos cursos eletivos, em que circulam todas essas ideias, mesmo com os novos kleinianos. Agora eles estão mais abertos, há o Steiner (1997) com sua teoria dos refúgios psíquicos.

Audrey – E aprendemos primeiro com a criança aquilo que lemos no Steiner.

Myrna – Eu diria com crianças e com adolescentes. Ainda mais porque se entra nos estados fronteiriços quer queira ou não. E aí você não sabe mais por onde está circulando, trata-se de um mundo que se organiza de uma forma que teríamos que ter muito cuidado para não chamar de psicótico, você deve chamar de adolescente, porque são mecanismos próprios da adolescência. Mas que possuem em sua base um caldo de angústia de vários tipos: tenho que fugir, tenho que me refugiar ou no tédio adolescente ou na sexualidade, numa situação mais ambígua. Mas, seja kleiniano, winnicotiano, freudiano, se o analista não for criativo, ele pode até dizer isso ou aquilo, mas se não há o vínculo transferencial e se o analista não contribui para que essa história se desenrole dentro daquele vínculo que se chama *setting*, ele apenas repetirá teorias. Mas há alguns momentos em que funciona. Às vezes, digo para supervisionandos: aqui dá uma de kleiniano, porque você consegue tocar o fundo d'alma, porque tem horas que é o momento de você tocar o fundo d'alma e não adianta querer enfeitar. É como se tivéssemos a situação de alguém querendo se matar: não adianta querer enfeitar, tem que segurar, não vai se matar na sua frente. Bion falava isso: eu posso segurar o senhor, se o senhor quiser se matar na minha frente, eu posso segurá-lo aqui, mas não vou segurá-lo lá fora. Você tem que enfrentar a tragédia toda. Quanto à Melanie Klein, acho que ela dá uma sólida vivência das tragédias...

AUDREY – Como uma forma de compreensão...

MYRNA – Como uma forma de compreensão, mas também como uma forma de não fechar os olhos para o lado triste das histórias. É como na *Divina comédia*, acompanhamos Dante no Inferno. Podemos até chegar ao Paraíso no momento em que a criança entra em reparação, mas você pega o Virgílio, que é quem acompanha o Dante, e vai lendo Melanie Klein. Aquela senhora ali pôs a mão numa ferida extremamente viva.

AUDREY – A senhora não acha que as crianças nos chamam muito rapidamente para isso? Vejo que com criança não tem como escapar: ou você entra ou não tem jeito. Com adulto até pode criar uma falsa...

MYRNA – Criar um conluio.... Sim, mas aí, com a criança, é necessário atenção para saber em que momento se vai interferir, falamos em termos de *timing*. É como aquele meu caso do Fabrício, meu caso de passagem a membro sob supervisão do professor Frank Philips.[4] Tratava-se de um menininho que dava uma "canelada para dentro", e não para fora, alguém que mexia um pouco nas vísceras da tragédia, enquanto aquele outro mexia na fachada da tragédia. O Fabrício destruía por dentro, destruía os brinquedos, a Barbie tinha que ser torturada, aquele tipo de situação difícil, em que você não sabe bem por onde ir.

Boletim – Falamos sobre a evolução do analista ao longo dos anos de prática, mas pergunto-me se não há também uma situação mais global, no sentido de a psicanálise ter feito uma evolução, partindo para uma liberdade maior. A senhora tem um texto, por exemplo, sobre as mudanças ocorridas no *setting* a partir da contratransferência, o que isso contribuiu para um novo *setting*. Nesse texto, a senhora fala muito da questão da criatividade e liberdade como uma forma de soltar-se um pouco dos antigos mestres, sem abandoná-los, mas ter mais liberdade para caminhar criativamente.

Myrna – Porque não tem saída, na sessão é você quem está ali.

Audrey – Às vezes a gente faz e depois vai pensar no porquê fez.

Myrna – Viver é uma coisa, falar é outra. Santo Agostinho dizia: "Quando a alma fala é porque ela não fala mais". Quando você pode já simbolizar, é porque as coisas se acalmaram dentro de você e puderam, de algum modo, sofrer esse processo mental mais abstrato. É a questão da linguagem: quando você faz a possibilidade de falar "mamãe" é porque você já está simbolicamente reconhecendo uma figura de tal modo significativa que ela não precisa mais estar

---

4 Psicanalista inglês que, após estada no Brasil em 1968, onde permaneceu trabalhando por um mês na SBPSP, manifestou intenção de trabalhar aqui, na qualidade de analista. Foi analisado por Melanie Klein e Bion.

ali concretamente instalada. Se você falar para uma criancinha "a mamãe já vem", ela sossega; se você falar para um recém-nascido "a mamãe já vem", não adianta nada, ele não tem condições de articular simbolicamente todo o conjunto de experiências internas, significativas, amorosas. "Mamãe" é toda uma gama de experiências que eu articulo mentalmente dentro desse sistema que pode me garantir que eu posso tê-la a qualquer momento, eu posso recordá-la, sonhá-la, brincá-la, que é diferente de uma situação mais primitiva em que tudo está ainda despedaçado. A própria existência de novos pensamentos é a liberdade da psicanálise, se ela fosse tão fechada não se criava nada. O pensamento tem essa característica, uma vez começado você não para mais.

Audrey – Não para, vai construindo a todo momento novos pensamentos.

Boletim – E, nesse sentido, foi a abertura para a existência de autores mais criativos.

Myrna – Nem todos são articuladores de uma teoria genérica ou generalizada, há vários artigos de pessoas que têm muito mais capacidade de elaboração teórica. Há alguns que têm até demais, que ficam só conversando com a própria teoria, mas é claro que tudo isso são formas de o ser humano se manifestar e da própria psicanálise se enriquecer. É claro que o analista tem que ter uma noção do que é contratransferência ou do que é qualquer outra coisa; diria que é uma zona de perigo, é uma zona que o analista tem que articular como uma garantia dele mesmo, de extrema sintonia fina. Estamos sempre trabalhando pela autossintonia, porque é claro que quando a gente está falando da evolução do analista, não estamos falando de um analista que conhece mais coisas, estamos falando de um analista que cada vez mais conhece a si mesmo. E aí pode, de algum modo, ser a sua própria garantia.

Audrey – E aí que não precisa tanto de um modelo.

Myrna – Sim, aí você vai ter que defender seu próprio modelo. Eu tenho ultimamente publicado mais artigos sobre a adolescência como um fator estruturante, não só como uma continuação de uma história infantil, mas como um momento que se faz estruturante da vida mental, um momento de reorganizar sistemas de funcionamento mental nessa passagem, nessa transformação em adulto. São contribuições de Ferrari, Green etc.

Audrey – É necessário adolescer.

Myrna – É necessário concluir a adolescência. Se vocês repararem, em muitos casos, os mais fronteiriços principalmente, verão o seguinte: ou temos alguém que ainda está vivendo a zona de perigo do adolescente, que quer experimentar as coisas para poder conhecê-las, fazendo todos aqueles desastres com os quais as mães ficam desesperadas, ou então temos aquele adolescente que já mimetizou o adulto, para não sofrer as angústias, e é o bonitinho, o certinho...

Audrey – E vai virar adolescente aos 40 anos...

Myrna – Em alguma hora isso rompe com funcionamento francamente desorganizado. São alguns casos que poderíamos colocar com fronteiriços, nunca fizeram uma articulação de experiências fortes – temos que lembrar que a adolescência é o momento de experiência dolorosas, fortes. Atualmente, na maior parte dos trabalhos, não se fala mais de interpretação naquele sentido antigo, o que não quer dizer que sumiu, mas, sim, que entrou de alguma forma no "fazer analítico". Existe uma comida japonesa da qual não me recordo o nome, uma daquelas comidas nobres. É um caldo que começa com, por exemplo, uma cenoura, e você come um tempo com a cenoura; depois, acrescenta um peixe e você come o caldo com cenoura e o peixe; depois, um peixe de outra qualidade, e a cada novo ingrediente é um novo prato que se saboreia. É uma sequência de uns sete ou oito, e, assim, quando você está no último ingrediente, está com o primeiro também, não se perde a iguaria e cada vez ele se transforma em algo extremamento saboroso, com um novo tempero. Muitos não vão gostar, vão chamar de eclético ou algo assim, mas eu, atualmente, estou muito sossegada com tudo o que eu posso adquirir.

AUDREY – Mas sem deixar de reconhecer que aqui tem uma cenoura, aqui tem um peixe...

MYRNA – Sim. Temos as grandes matrizes, história pensada com lucidez e as coisas que vão brotando. Assim, temos que ir para a frente, senão não poderíamos falar de Klein como estamos fazendo hoje, por exemplo. Claro que Freud é a terra onde todos pisamos. Não sei como se pensaria num saber se não levarmos em conta a história desse saber. Se tomarmos a filosofia: você estuda Descartes, Kant, mas você tem o Merleau-Ponty, ou seja, você tem que manejar com o grande conflito que é o ser humano.

AUDREY – Acho que a história da Sociedade de Psicanálise é um tanto assim também: foi se abrindo para novos saberes e tendo que reconhecer que existem outras verdades.

BOLETIM – Mas não é todo mundo que se abre para essa ideia de ir acrescentando.

MYRNA – Para isso tem que ser um pensador com uma capacidade de síntese. Não sintetizar como algo de pegar um pedaço, mas fazer um novo cozido é alguém que transforma o sistema de tal maneira que depois dele não poderá ser de outro jeito. São os grandes pensadores como Aristóteles, Platão, Descartes. Cada qual, na época em que viveu, conseguiu sintetizar as correntes de pensamentos que os influenciavam. E então, eles se tornam pilares, mas que vão se sucedendo com a mesma importância, com o mesmo grau de profundidade, um como que conversando com o outro.

AUDREY – Há alguns espaços entre eles através dos quais se pode conversar e se ouvir...

MYRNA – Sinto que há a possibilidade de um kleiniano poder usar algo do lacaniano, mas tem-se que estar aberto para isso. Há personalidades que estão mais abertas e outras não. E, por isso, nosso instituto tem de todos os "caldos". A questão é como sintetizar esse sistema para que haja um aproveitamento de coisas boas. É lindíssima a ideia de objeto transicional de Winnicott porque ele não destrói, você o deixa, ele desaparece, você não sabe como, mas ele perde o significado depois de uma transformação que você passa.

AUDREY – E estando com crianças você não pode deixar de ver isso.

MYRNA – Não há quem não tenha tido o cobertorzinho ou o ursinho, o travesseirinho. São coisas que falam da alma, da psique, e a criança ensina isso tudo, levando-nos a pecorrer essa história ao vivo e em cores. Acho que quem faz psicanálise de crianças tem a psique ao vivo e em cores.

AUDREY – Além de ser chamado para a transferência diretamente. Não tem como trabalhar com crianças se não for na transferência.

MYRNA – Às vezes você não é outro, às vezes você é uma parte dela. O caso do Marcelo era um pouco isso, aqueles começos, eu praticamente tinha que fazer o que ele fazia.

AUDREY – Estou dizendo transferência não no sentido da mãe e do pai, no sentido de uma relação de objeto.

MYRNA – Mas no caso do Marcelo, eu ficava atrás dele, mas se eu interpretasse "eu estou aqui atrás de você e você quer que eu faça aquilo que você faz", aí quebrava o encanto.

BOLETIM – Mas era isso que nós comentávamos: parecia haver mais no Fabrício a interpretação verbalizada, não sei se era uma diferença na forma de comunicar...

AUDREY – Talvez porque para um fosse possível e para outro não fosse possível.

BOLETIM – Talvez tenhamos aí uma gama de fatores: a evolução do analista, as contribuições da psicanálise, a problemática de cada paciente, talvez não dê para isolar em um ou outro elemento, mas todo esse conjunto.

MYRNA – É, talvez hoje eu interpretasse só na transferência, não interpretaria tanto...

BOLETIM – No caso de Marcelo a senhora menciona a questão do silêncio como uma forma de interpretação, da interpretação como o "estar ali de um jeito", digamos assim.

MYRNA – Ele fazia um uso mágico do fato de eu estar atrás dele, era dele, era algo que eu naquele momento podia captar. É o que eu dizia sobre quando a alma fala: quando ele pôde captar-me, aquele momento já tinha se perdido, aí já estava como uma experiência que se organiza para perceber o analista como um objeto que fala, objeto que está fora, está existindo como um objeto. É nesse momento que eu sinto que a interpretação transferencial é ouvida. Criou-se esse espaço para analisar a transferência. Naquele momento eu imagino que talvez eu estivesse funcionando mais como transicional. É algo que você capta e que tem uma história que é a história que cada criança conta, como disse a Audrey. Caso contrário, eu chegaria para qualquer criança e contaria a história da psicanálise: "você está atacando o interior corpo da mãe etc.", o que não faz sentido.

Boletim – Ficou mais clara, no caso do Marcelo, a vivência de o analista ser tocado pelo paciente. A senhora conta de uma referência que ele faz ao lugar de avó e o quanto isso a toca.

Myrna – Isso seria uma contratransferência, porque ele tocou num ponto do analista. É o analista que registra que era inovador e tem que inventar na hora porque ele não tinha essa experiência. Se você pensa apenas como uma questão transferencial, perde essa revelação interna dentro de você.

Boletim – E para finalizar, por que a senhora se afastou das crianças?

Myrna – Eu não me afastei das crianças, continuo lecionando no curso de crianças da SBPSP, supervisionando casos de crianças. Porém, no momento em que eu me tornei didata, fui sendo levada à necessidade de abrir mais horários no consultório para os analisados em formação, e isso acabou restringindo os horários disponíveis para as crianças. Consequentemente, a falta de horários fez que cada vez menos eu recebesse encaminhamentos de crianças. Mas trabalhei minha vida inteira com muitas crianças, elas me acompanharam e continuam muito presentes em meu trabalho com adultos. Mas eu espero voltar a atender crianças. Minha supervisora, a professora Lígia Amaral, fez essa volta após certo tempo. Achei ótima essa decisão, espero poder segui-la.

Referência

Steiner, J. (1997). *Refúgios psíquicos*. Rio de Janeiro: Imago.

9. A metamorfose adolescente: uma nova relação corpo-mente[1]

Falar da adolescência sempre foi um debate com o efêmero, com o transitório, com o momento no qual a passagem da infância à idade adulta parece assumir o caráter do estranho (do *Unheimlich*), uma vez que a adolescência envolve a perda das identificações infantis sem que seja possível pressentir o caráter definitivo das transformações que ocorrerão. Geralmente se descreve a adolescência pelas características observadas externamente: a entrada no mundo social mais amplo, a perda do corpo infantil, a recusa ao amparo familiar, os agrupamentos sociais, a iniciação sexual etc.

Do ponto de vista psicanalítico, busca-se adaptar a estruturação mental ocorrida na infância às novas exigências do viver: as angústias postas em relativo sossego na latência voltam à tona, e o adolescente se vê obrigado a resolver os novos problemas de

1 Este texto é uma versão modificada de "O agir criativo: o adolescente que se faz adulto", trabalho apresentado no Simpósio Internacional do Adolescente, na Faculdade de Educação da Universidade de São Paulo, em maio de 2005. Uma versão deste capítulo foi publicada anteriormente em *Revista Brasileira de Psicanálise, 50*(2), 37-46, 2016.

identidade de gênero, de escolha sexual de objeto, de controle das violências internas, de busca da realidade e da vida social, contando com as formas antigas de funcionamento mental.

Desse modo, a adolescência pode ser vista como uma fase caótica, de comportamentos estranhos, quase beirando as patologias, mas que estariam fadados a desaparecer logo, ao despertar do "adulto". A adolescência é considerada como uma passagem, uma estranha vivência onírica que se desmancha ao longo do tempo.

Contudo, a prática clínica nos mostra que não é bem assim. Lidar com adolescentes em análise (ou em psicoterapias de base analítica) implica conter um momento turbulento, de características tão específicas que tentar interpretá-lo apenas como nova forma dos conflitos infantis forjados em seus objetos parentais (primários) parece não dar conta de toda a carga posta em movimento na época adolescente; parece não bastar, na clínica, apenas configurar as identificações projetivas na figura do analista, reviver antigos núcleos de fantasia infantis na transferência, tentar recompor a turbulência somente em termos de crescimento linear e dentro de um *setting* mais ou menos liberal (porque, como sabemos, o adolescente transgride a regra de todos os modos).

O adolescente parece implodir todo esse mundo infantil; não se pode reconhecer nele a criança antiga.

Algo vai se transformar, e o desconhecido começa a acontecer.

É importante salientar o papel desse exato momento da puberdade, pois é nesse processo que ocorre o aparecimento dos eventos corporais que darão início à percepção mental da existência do corpo novo que entra em cena, com toda a sua carga de turbulência e emoções; é aí que se origina a nova conversa interna corpo-mente, cuja dialética se estenderá para sempre.

E, como sabemos, exatamente neste ponto é que o adolescente pode falhar. Algo não ocorre; a passagem não pode ser vivida; a vida parece transformar-se na busca incessante de um sentido novo que, quando não encontrado, reverte-se em patologias graves, como anorexia, bulimia, depressão, suicídio, toxicodependências, esquizofrenias, pensamentos delirantes etc.

O adolescente, aprisionado num sistema inteiramente desconhecido de novas exigências vitais, internas e externas, torna-se quase inatingível. Como alcançá-lo? Como fazer viver, na clínica, essa tragédia interna específica? E como imaginar o adulto possível? Que relação é essa, o adolescente tendendo ao adulto, que pouco é estudada? Fala-se sempre muito mais da passagem da infância para a adolescência do que da adolescência para o resto da vida – como se ela se desfizesse no ar. E, no entanto, como podemos observar, se esta adolescência não for vivida dentro de sua especificidade, suas problemáticas continuarão em ação, reaparecendo na análise de adultos. Parecem indicar, nesse âmbito, uma lacuna, uma ignorância, uma impossibilidade. Muitas das "queixas" adultas parecem ser indícios de uma história adolescente não experimentada.

Vou tentar resumir, dentro do possível, um modo de pensar e debater a adolescência, pois daí parece decorrer sua relação com a vida adulta. Trata-se de uma teoria não muito conhecida, atual, mas que introduz uma ideia inquietante e polêmica sobre o desenvolvimento mental, com visíveis consequências na prática clínica.

Refiro-me às formulações de A. Ferrari, em seu livro *Adolescência: o segundo desafio* (1996), que inauguram uma vertente, a meu ver original, no estudo da adolescência. E, claro, como toda hipótese teórica psicanalítica, pode ser debatida e questionada; mas, quando uma ideia pode abrir novos horizontes, é interessante conhecê-la.

Partindo da análise de adolescentes (principalmente dos quadros mais graves), o autor nos propõe que a adolescência é um novo momento na história da estruturação mental. Para entender isso, é necessária uma rápida visão sobre sua teoria do objeto originário concreto (OOC) (Ferrari, 1995), em que postula que a mente é chamada a funcionar, no momento do nascimento, pelas emanações corpóreas: físicas, sensoriais e emocionais. E por meio das vivências deste corpo inaugural é que a vida mental se inicia, para dar conta do caos recém-nascido, facilitada pela função catalisadora materna.

Aos poucos, o mental vai pondo o corpo em eclipse, contudo, ele nunca chega a desaparecer.

Assim, o primeiro objeto para a mente é o próprio corpo, que ele chama OOC. E é a mãe, por meio de seu próprio corpo (OOC), posto em ação novamente pela experiência corpórea da gravidez, que atribui e transmite, pelos cuidados físicos (maternagem), o conhecimento mental para as funções corpóreas, fonte das primitivas angústias. A mente se instala. É, pois, um conceito amplo de *rêverie*, em que o corpo materno (abrangendo sensações e emoções) assim como sua mente entram em conjunção para a função catalisadora. Estabelece-se, então, um quadro mental em que este modelo corpo-mente cria uma relação intrapsíquica, vertical, em que se originam as indagações específicas daquele indivíduo, sua vertente de originalidade, porque emanam daquele corpo específico.

Ao lado dessa vertente vertical, o espaço mental se completa com a coordenada horizontal, que diz respeito às relações com os objetos e o mundo exterior, simbolizado nos primórdios pela relação mãe-criança (boca-seio), em que a mãe inaugura o primeiro vínculo com esse mundo exterior. Neste nível, a figura materna é o primeiro objeto da criança, como a definem as teorias das relações objetais de Klein, Bion etc.

Desse modo, a teoria de Ferrari sugere uma vida mental não linear, um espaço em que as coordenadas inter e intrapsíquicas vão ordenar as relações com o mundo e consigo mesmo num determinado ponto. Do relativo equilíbrio das duas vertentes, teremos uma maior ou menor harmonia psíquica.[2]

Essa concepção da vida mental, ainda que possa significar uma nova hipótese teórica a ser pensada, me parece de grande utilidade clínica, pois pode modular as interpretações não só das angústias próprias da adolescência, mas também de outros momentos da vida, quando o corpo sai novamente do eclipse, isto é, torna-se outra vez o objeto fundamental para o mental, que vai ter que configurar uma nova relação corpo-mente. Trata-se de momentos existenciais, como doenças, a gravidez, o envelhecimento e o tempo terminal da vida.

Partindo dessa concepção, Ferrari postula, então, dentro da relação analítica, a necessidade de lidar, no fenômeno observado, com as duas vertentes do funcionamento mental, fazendo com que a função do analista seja ora privilegiar a vertente intrapsíquica, com interpretações que visam esclarecer o analisando quanto aos seus modos e formas de funcionamento mental, suas emoções, suas teorias específicas sobre si mesmo (função catalisadora do analista, em que ele não é o objeto do clima emocional), ora analisar a relação transferencial propriamente dita, em que o analista se configura como um objeto da vida mental do paciente, anunciando e interpretando o jogo das relações objetais. É claro que tudo

2 O autor vai aprofundar e desenvolver essas premissas fundamentais em seu livro *A aurora do pensamento* (Ferrari & Aldo, 2000), em que estabelece a convergência das duas vertentes como uma rede de contato, originada pela constante interação das sensações/emoções com as correspondentes potencialidades de pensamento. Define assim o espaço mental.

isso ocorre simultaneamente, cabendo ao analista o *timing* para o tipo de interpretação adequado ao momento.

Abri este parêntese para poder tornar mais clara a ideia proposta para a adolescência como um novo momento estruturante da vida mental. Vale a pena assinalar que a concepção de adolescência que abordo neste trabalho vem enriquecer não só minhas leituras de estudos específicos sobre o tema como também conceitos valiosos que me acompanham em minha vivência clínica, especialmente na análise de adolescentes. Refiro-me, principalmente, aos conceitos de angústias esquizoparanoides e angústias depressivas de Klein (1957/1991a, 1946/1991b, 1935/1996), bem como aos conceitos de *investimento*, *desinvestimento* e *reinvestimento* (e sua *teoria do vazio*) de Green (1993).

Partindo da analogia com o nascimento, ocorre o "nascimento", na adolescência, de um novo corpo, e a mente, agora já existente, terá de rearranjar-se para lidar com as angústias emergentes ocasionadas pelas metamorfoses corporais a partir da puberdade. O adolescente, pois, terá de ir ao encontro de um outro corpo de si mesmo, ao qual, agora, sua própria mente deverá dar algum sentido.

E é esta tarefa que, no entender de Ferrari, vai transformar a adolescência num segundo desafio, colocando a problemática do corpo nascente como causa de novas estruturações e defesas para fazer frente às novas angústias.

Assim, a mente adolescente terá que dar novas respostas ao problema da aceitação do próprio corpo, da sexualidade, do conflito edipiano (que, para o autor, colocará, daqui para a frente, o problema da identidade de gênero) e da virtualidade da força corporal, complicando o problema da violência. Pode-se ver, nestes elementos, todo o trabalho psíquico necessário para fazer frente às transformações específicas dessa primeira fase adolescente: criar um espaço mental que dê sentido a este corpo emergente. Este momento necessita de um intenso investimento libidinal, capaz de ultrapassar a confusão e o terror que toda configuração biológica impõe ao crescimento. Por outro lado, será preciso suportar a crítica interna e externa que se estabelece segundo os padrões culturais de uma estética imaginária. Nos nossos dias, por exemplo, a aparência corporal tomou tal proporção que o corpo pode se tornar, para o adolescente, um estigma não metabolizável. Além disso, considerando-se o vértice horizontal, o adolescente vai ter que mergulhar e enfrentar o mundo extrafamiliar, as exigências que a realidade vai lhe cobrar, com as consequentes angústias quanto às suas possibilidades de viver e conviver, de realizações pessoais, de conseguir conquistar seu lugar de vida. Trata-se, portanto, de criar uma configuração egoica, uma identidade que deverá, necessariamente, desembocar num contrato com o social, substituindo, daí para a frente, a família de origem como referente fundamental. Enfim, vir a ser homem ou mulher adultos.

Como a mente adolescente vai estar diante do fato de ter que elaborar estas vivências agudas, sem ter ainda uma função de pensamento capaz de resolver, simbolicamente, as equações vitais (passagem para o adulto), postula-se que, para o adolescente, o saber e o conhecer vão passar, necessariamente, pela experiência do fazer. O adolescente conhece enquanto faz e, desse modo, fica implícito que a "atuação" do adolescente não visa ao afastamento do conhecimento, mas sim à busca real desse conhecimento, que de outro modo não poderia vir a ser incorporado como experiência mental.

A ausência deste fazer se reverterá em grandes inibições na vida adulta, pois a mente não terá metabolizado as formas de enfrentar os desafios do viver. Contudo, este é justamente o aspecto mais assustador da adolescência, tanto para os jovens como para os adultos ao seu redor. O adolescente é escalado para um jogo do qual não conhece as regras, ou melhor, em que as regras deverão ser criadas após a longa batalha com o desconhecido, com suas doses, às vezes insuportáveis, de perigos internos e externos. É este agir criativo que vai moldar a luta incansável pela identidade possível.

Assim, podemos dizer que nada mais resta ao adolescente que enfrentar o desafio da adolescência. Caso ele se negue, ou ocorrerá a manutenção de formas infantis de funcionamento mental, ou uma imitação das formas adultas externas que ele apenas mimetiza.

Negar-se à experiência adolescente vai perturbar toda a vivência "adulta", uma vez que as formas eficientes e originais de resolução do viver não foram equacionadas pela dor da experiência. A vida adulta resultante dessa negação nada terá a ver com a qualidade criativa da experiência que se fez saber. É neste momento que os adultos se sentem totalmente desamparados, buscando na análise uma segunda chance de reviver as experiências.

O adolescente, pois, está fundamentalmente ocupado na tarefa de construir a si mesmo – e, poderíamos acrescentar, para o resto de sua vida. Ocupado com um corpo que se transforma, afastado do mundo mágico e protegido da infância, inundado pela chamada *realidade*, que o obriga a responder a novas perguntas, vai se debater, e é natural, com as angústias e inseguranças próprias. Sabemos, por exemplo, o quanto é problemática a aceitação do corpo sexuado quando da construção da identidade sexual. A confusão das fantasias homo e heterossexuais faz, muitas vezes, que o adolescente se recuse a viver essas emoções, refugiando-se num corpo assexuado em que nenhuma escolha é possível. Sabemos também que, nesse momento dramático, para poder começar a responder às novas exigências vitais, o adolescente precisa desinvestir seus objetos primários de sua aura edípica e reinvestir essa energia nos novos objetos que aparecem na cena social. Caso isso não aconteça, é o vazio que se estabelece, e a vida mental e emocional se vê coartada.

Ter que descobrir a realidade de seu corpo, do mundo relacional, dos projetos identificatórios sexuais, na sequência da problemática edipiana juvenil, é uma experiência que, muitas vezes, assume um caráter de confrontação, não apenas no sentido de oposição, mas como função de descoberta pessoal e original de si mesmo no projeto de crescimento. Podemos acrescentar que o que vai ser posto em jogo na adolescência, ao lado da equação fazer-conhecer, será a responsabilidade pessoal pelo destino da trajetória escolhida.

As formas mentais novas, produzidas na adolescência, são, conforme a teoria, movimentos originais de individualidades específicas não referidos apenas às angústias específicas infantis. É um modo de pensar útil para ser verificado na prática clínica.

É claro que, também deste ponto de vista, certas formas de funcionamento mental terão características desarmônicas (se não quisermos chamá-las de *psicóticas*). Mas será preciso diferenciar, acuradamente, uma função própria da adolescência das verdadeiras disfunções patológicas.

Podemos rastrear, dentro da teoria, como próprios da adolescência, por exemplo, certo grau de angústias claustrofóbicas e agorafóbicas (corporalmente vividas), a protodepressão, a fuga da função do pensamento para a área da ilusão (ideias não destinadas a serem concretizadas) e suas respectivas defesas: bulimia, anorexia, isolamento, cisão e delírio. É o excesso desses fatores citados que constituirá as graves patologias.

Vejamos alguns exemplos: pensemos numa jovem anoréxica, pensemos em alguém que se nega a viver a experiência corporal com suas especificidades femininas. Podemos imaginar sua profunda recusa em admitir um corpo feminino, algo que a aprisionaria dentro de um destino que não pode assumir a responsabilidade de ser mulher.

Pensemos numa relação corpo-mente claustrofóbica, em que a vivência mental é estar aprisionada dentro de um corpo que não é aceito e em que, portanto, o aparecimento do feminino só poderá ser impedido pela recusa a alimentá-lo. A anorexia seria uma defesa ao aparecimento da feminilidade. O corpo desaparece e parece transformar-se apenas em uma entidade mental sem necessidades fisiológicas. Vai ser manipulado enquanto esta mente não for capaz de aceitá-lo na sua contingência física. A jovem anoréxica, ocupada em deter a própria feminilidade, é o quadro desarmônico grave das preocupações normais dos temores femininos da adolescência, vivida com angústias de claustrofobia. Prisioneira em seu próprio corpo, ela leva ao máximo o poder de detê-lo, pondo entre parênteses as funções corporais. Consegue a anulação da menstruação, da sensação de fome etc., obrigando este corpo a desempenhar ora um papel unissexual, ora um papel infantil, desenvolvendo mentalmente uma aceitação claustrofílica: satisfaz-se em ocupar o menor lugar no espaço.

É claro que, nestes casos extremos, estamos beirando a morte real, em que a mente aprisionada na ilusão de controle declara não só seu temor à sexualidade, mas também sua intensa destrutividade voltada contra o próprio corpo.

Como interferir neste processo?

Ou neste outro, em que um quadro normal de um jovem adolescente, a protodepressão (tédio adolescente), pode ser levado às raias da exacerbação? Sabemos que o adolescente está sempre às voltas com a angústia ocasionada pelo binômio potência-impotência nas suas atuações no mundo. Cada um terá que encontrar seus limites e capacidades potenciais lidando com as frustrações e adequações ao seu viver possível. Esta busca dos limites é a tarefa da experiência-conhecimento adolescente. Mas nos casos extremos, em que entra como coringa mortífero a ilusão de onipotência, os limites possíveis não poderão ser vividos como experiências adequadas e serão incorporados como impotência total. Diante de experiências radicais, a mente adolescente poderá não se satisfazer com os limites funcionais, qualificando, então, como incapacidade total os verdadeiros potenciais de realização. O isolamento, as toxicodependências ou o suicídio poderão ser a saída falsamente defensiva desse estado mortífero.

Outro exemplo destas formas adolescentes do viver está representado pela identificação sexual a ser assumida. Este destino sexual é pensado aqui como uma tarefa adolescente, portanto, não apenas referido ao destino de amor e ódio às figuras parentais vivido no Édipo infantil. Neste modelo, o conflito edipiano é visto como uma constante fonte de experiências e vivências no decorrer de toda a vida, com todas as figuras identificatórias que forem atraídas para o modelo afetivo do complexo, cabendo à fase adolescente o começo da responsabilidade pela assunção ou não da identidade sexual consoante ao próprio corpo. Este conflito, que às vezes assume dimensões extremas, deverá ser constantemente encarado a partir da adolescência e no decorrer de toda a vida.

Outro exemplo de desarmonias próprias da adolescência está ligado às dificuldades de assunção da realidade, levando a mente a frequentes cisões para não ter que lidar com os conflitos propostos pelo crescimento. Este repúdio da experiência leva também à criação de delírios para impedir a invasão dolorida da experiência real. Em quadro próprio da adolescência, esta área estaria envolvida apenas com a defesa, representada pela ilusão passageira capaz de manter em funcionamento o aparato mental enquanto a dor não for elaborada.

É o excesso e falha do mecanismo de ilusão que leva às defesas extremas de cisão e delírio (psicoses), impossibilitando a formação de pensamento ou aprisionando o sistema no binômio ilusão-desilusão. Em todos estes quadros agudos, mostram-se claramente as formas de funcionamento mental próprias da adolescência e suas patologias (não referidas às fantasias infantis).

Fica evidente, pois, que estas experiências, que conduzirão ao futuro adulto, estão sempre beirando o perigo, o desvio, a exacerbação, mesmo na sua vivência normal. É a tarefa adolescente. A recusa em vivê-las decretará restrições à qualidade de vida adulta.

O adolescente, portanto, tem que "inventar", "construir" sua própria originalidade, sem refugiar-se na defesa mágica da infância, que lhe permitia o tempo lúdico para elaborar conflitos. O adolescente "age" como resultado de um impulso que, partindo do corpo, o impele a aventurar-se no perigo de viver.

Assim, será necessário, na clínica de adolescentes ou de adultos em que detectamos este vazio de sua experiência, interpretar como ponto de urgência as angústias do ponto de vista do vértice vertical, propondo ao paciente hipóteses sobre o conhecimento de si mesmo, de seu corpo, de seus modos e formas de funcionamento mental. Esta primazia dada à vertente intrapsíquica leva o adolescente a encontrar, rapidamente, a continência do analista, equivalente à função catalisadora materna, que permite tornar pensáveis as experiências internas extremamente aterrorizadoras.

Desse modo, ele (o analista) não se proporá, imediatamente, como objeto a ser confrontado. Quando as emoções trazidas à tona puderem ser metabolizadas, serão mais compreensíveis, para o adolescente, as vivências transferenciais aí envolvidas. Constrói-se, assim, o espaço da transferência no *timing* justo para ser elaborado, com todo o jogo das identificações projetivas incluído.

Destacaríamos então, no primeiro caso, a necessidade de interpretar, com urgência, a dificuldade da mocinha anoréxica de encarar seu ódio ao corpo da mulher, à sua feminilidade e sexualidade, vivendo neste corpo as angústias claustro e agorafóbicas de crescimento, antes de interferir no sentido de uma interpretação horizontal, visando, por exemplo, a ataques à figura materna ou à sua representação no analista.

Esta vertente horizontal, transferencial, existe, mas urge priorizar e colocar primeiro sobre eclipse o corpo-sede de sensações e emoções violentas. Acreditamos ser de maior utilidade a esta mente totalmente ocupada em dilacerar-se, numa relação corpo-mente mortífera, poder enfrentar, logo de início, sua relação com este objetocorpo – em perigo, muitas vezes, de morte.

Em todos os outros casos em que se pode detectar a relação vertical – conflitos masculinidade-feminilidade na identidade de gênero, conflito potência-onipotência-impotência nos quadros depressivos, cisão e delírio nas áreas de distúrbios do pensamento –, acredito ser clinicamente mais operativo dialogar com o paciente do interior dele mesmo, tentando aos poucos tornar passível de pensamento a experiência própria de cada indivíduo. Neste aspecto terapêutico, o analista serve apenas de intérprete entre as emoções que invadem e as elaborações possíveis, fazendo com que possa ocorrer, em dado momento, a comunicação espontânea entre estas duas funções de si mesmo.

O processo envolve poder colocar em eclipse as áreas de intensa ebulição interna do paciente, facilitando o espaço para a emergência transferencial da figura do analista. É comum, nos relatos da clínica, ouvir dizer, por exemplo: "O paciente não me escuta; eu falo e parece que não adianta, que nada acontece". A hipótese é que o paciente não pode ouvir porque seu barulho interno é de tal monta que a cena psíquica não comporta, ainda, colocar sob os holofotes a figura do analista.

Este modo de viver a relação terapêutica analítica, urgente e necessária na fase adolescente, estende-se para a análise de adultos, principalmente quando detectamos estas áreas adolescentes invadindo a chamada *vida adulta* em termos de fantasias e ilusões não resolvidas. A experiência adolescente não pode ser pulada, driblada ou ignorada. A recusa da aventura adolescente, com suas áreas de insegurança, rebeldia, temores, vai tornar o adulto prisioneiro de um espaço limitado de vida, em que o vazio de experiência obrigaria ou a um excessivo funcionamento racional, ou a uma entrega claustrofílica ao modelo de vida que não se expande e se burocratiza.

É neste contexto de vidas falhadas ou quase totalmente destruídas que a psicanálise nos faz falar de conhecimentos que, além da elaboração de conflitos, vão implicar a assunção da própria individualidade e da própria originalidade na aventura chamada *vida*.

Referências

Ferrari, A. B. (1995). *O eclipse do corpo: uma hipótese psicanalítica* (M. Mortara, trad.). Rio de Janeiro: Imago.

Ferrari, A. B. (1996). *Adolescência: o segundo desafio* (M. Mortara, trad.). São Paulo: Casa do Psicólogo.

Ferrari, A. B., & Aldo, S. (2000). *A aurora do pensamento: do teatro edipiano aos registros de linguagem* (M. Mortara, trad.). São Paulo: Editora 34.

Green, A. (1993). El adolescente en el adulto. *Psicoanálisis de APdeBa*, *15*(1), 39-68.

Klein, M. (1991a). Inveja e gratidão. In M. Klein, *Inveja e gratidão e outros trabalhos (1946-1963)* (E. M. da Rocha Barros, & L. P. Chaves, trads., pp. 205-267). Rio de Janeiro: Imago. (Trabalho original publicado em 1957)

Klein, M. (1991b). Notas sobre alguns mecanismos esquizoides. In M. Klein, *Inveja e gratidão e outros trabalhos (1946-1963)* (E. M. da Rocha Barros, & L. P. Chaves, trads., pp. 17-43). Rio de Janeiro: Imago. (Trabalho original publicado em 1946)

Klein, M. (1996). Uma contribuição à psicogênese dos estados maníaco-depressivos. In M. Klein, *Amor, culpa e reparação e outros trabalhos (1921-1945)* (A. Cardoso, trad., pp. 301-329). Rio de Janeiro: Imago. (Trabalho original publicado em 1935)

Parte III

Trabalhos sobre formação psicanalítica

10. Memórias de formação do psicanalista: trajetória, tensões, projeto[1]

Ao aceitar o convite do *Jornal de Psicanálise* para um relato de memórias vi-me diante de uma tarefa duplamente difícil: contar-se, relembrar o vivido, transformá-lo em uma história que faça algum sentido para o leitor e, ao mesmo tempo, propor uma reflexão, um conjunto de ideias que me inquietam, algo que, para mim, passa, hoje em dia, pelas entrelinhas da psicanálise.

Para sair da dificuldade imaginei um diálogo informal com a proposta do corpo editorial; associei livremente diante das perguntas de meu interlocutor imaginário, falei da vida, da análise de crianças, de adolescentes, da análise de candidatos: dos tempos de formação e da trajetória institucional; da prática e da teoria em psicanálise. Mas falei assim como quem elabora os roteiros de uma viagem interna. A quem possa interessar, o convite a me acompanhar.

---

1 Uma versão deste capítulo foi publicada anteriormente em *Jornal de Psicanálise, 33*(60/61), 323-334, dez. 2000.

Cena I – Infância

Um poeta lírico em moda (qual?) dizia "meu céu interior cheio de versos". Tal foi a infância, o brinquedo, a mágica. O mundo interior extremamente acessível. O cinema projetando as imagens, os medos, as raivas, as festas. A beleza das vivências familiares: as luzes do Natal, das fogueiras e balões, as tardes de brincar na rua. Lembro-me de tudo doer de tão bonito. Algo próximo da tristeza posterior, ou de sempre.

Apropriei-me da infância por dentro e foi um caminho para descortinar as sessões com minhas crianças em análise. Foi por aí que iniciei meu percurso em psicanálise. Cercada pelos ensinamentos de Durval Marcondes, Virgínia Bicudo, Lygia Amaral, Judith Andreucci, professores do curso de Psicologia Clínica da USP, que vieram dar alguma organização aos elementos já vislumbrados e postos em ebulição pelo curso de filosofia. A descoberta fundamental: Melanie Klein e a conotação ativa do instinto de morte. A infância vista pelo avesso; a destruição, a impossibilidade de pensamento. Minha primeira paciente, uma menina de 10 anos, não falava, não brincava. Olhava para mim dos fundos de sua ausência e eu tentava alcançá-la de algum modo. Meu segundo paciente, um menino de 5 anos, tive de segurá-lo a sessão inteira, pelo ímpeto de suas agressões. O que fazer? As palavras que imaginava falar se calavam diante dos socos e pontapés. Ser analista significava o quê?

Depois soube que isto significava contenção, possibilidade de *rêverie*, a fim de criar, aos poucos, a pele, as paredes da mente, fazendo do montante de pura emoção um princípio de palavra, de pensamento, de organização mental. Mas tudo isso foi antes do Instituto. Freud e Klein na prática viva das análises de crianças.

Anos de aprendizagem; início de profissionalização; a necessidade de trabalhar. Os anos de vivência em instituições infantis: uma longa, longa amostragem das tragédias precoces.

Cena II - A adolescência

Não a vivi como se vive agora; a mulher pouco a pouco despertava para o mundo, e não havia nada que fizesse supor o movimento jovem, o movimento feminino e sua aura libertária. Ocorre-me, neste momento, o movimento feminino descartando a postulação kleiniana da identificação feminina primária para ambos os sexos. Dialogando sempre com a inveja do pênis, não elabora um pensamento sobre a inveja do interior do ventre materno, sobre a percepção primária da existência da vagina, enfim, sobre a identidade feminina como fundadora da estruturação mental realizada pela história edipiana. A mãe castradora, o desmame, a negação do incesto, enfim, a mãe feminina com a função primordial de instaurar os alicerces da lei.

Mas volto aos tempos pretéritos. O desejo, então, era ultrapassar a adolescência e ser adulta. Os anos eram dourados; o cinema era romântico. A adolescência era uma espera e sua transgressão.

Na atualidade ela parece terminar em si mesma, sem perspectivas para um futuro, e realizando a autodestruição (física ou mental), ou não terminar nunca, pois os objetos de desejo se tornam cada vez mais obscuros, não se fixam como experiências emocionais satisfatórias, transformando-se em simulacros facilmente descartáveis. A cultura abraçou seus adolescentes, mas, ao mesmo tempo, lhes deu seu beijo de morte. Os corpos em crescimento são rapidamente consumidos, e não há muito tempo para a mente elaborar esta nova complexidade corporal. A sexualidade explode, as drogas monitoram, o computador amortece. Quem escapará das armadilhas cruéis? O tempo corre rápido demais; para certas profissões, os 20, 30 anos já significam veteranos. Não há mais tempo para os crepúsculos, para os sonhos futuros, para as renúncias necessárias. Hoje tenho uma coleção de crepúsculos, recolhidos desde jovem e por todos os cantos de mundo em que passei. É a hora de o sol se pôr. É imagem da posição depressiva: a perda é inexorável e ao mesmo tempo de intensa integração. Foi nessa época que me intuí "analista"? Acho que sim. A cada final de luz havia uma promessa de futuro. Havia expectativas. "Algum dia, alguma coisa acontece" era o refrão. Esse tempo de vivência deu-me um caminho para analisar os jovens. Lembro-me, em sessões de extremo desafio, de lutas mortíferas, de verdadeiros saltos-mortais dos adolescentes em análise, conseguir manter um fiapo de esperança em vidas que já se queriam totalmente destruídas.

Como, nestes tempos de modernidade exacerbada, fazê-los pensar a vida mental estropiada que muitos apresentam? Como deter o sexo, as drogas, violências consumidas como tranquilizantes inesgotáveis? Como sabemos, a análise, o *setting* se rompem. Se a criança brinca e o seu brincar é o sonho com seu latente correlato, o adolescente age, dentro e fora da sessão, por mero impulso corporal, por um fazer que para ele é experiência, mas cuja ressonância mental pode ser, ainda, elaborada em reflexão. Dar-lhes um pouco de crepúsculo, palavras que encerrem a noção de tempo, tempo futuro, tempo de continuar a viver, é o desafio para os novos analistas. Analisar os movimentos psíquicos próprios de suas teorias fragmentadas, seus medos, suas dúvidas, suas inquietações diante do impacto corporal próprios da idade para poder fazê-los debruçar-se sobre o mundo interior desconhecido e quase sempre renegado. Em tempos em que se teme a recusa da psicanálise, nada mais atual que se deter sobre a vida mental adolescente e descortinar a possibilidade de tempo, de vida, de continuação. Temos que perguntar agora, pressionados pelas químicas e pelas tecnologias: "O querem nossos jovens?", e buscar meios para fazê-los encontrar a própria interioridade, diante de um mundo externo cada vez mais avassalador.

Cena III – A Faculdade de Filosofia, Ciências e Letras (a Maria Antônia)

O conhecimento ao vivo, a descoberta política; o final da adolescência, o vestibular, a universidade. Os anos de chumbo.

Abro este espaço em homenagem aos professores e colegas que me abriram o mundo e por meio dos quais chegarei aos anos de formação analítica.

Como não falar da Maria Antônia em minha trajetória? (Para os que não conhecem esta história, trata-se da antiga Faculdade de Filosofia, Ciências e Letras da USP, instalada na rua Maria Antônia e destruída em 1968, ano em que o Brasil se dividiu.)

Como não falar daqueles anos? Anteriores aos ataques, anos das democracias restauradas, anos de saber coletivo, da política universitária. Era o cotidiano do grêmio: alunos e professores, dos diversos ramos de conhecimento, nos reuníamos e falávamos, e o conhecimento passava como que por osmose – a filosofia, a sociologia, as letras, a física, a matemática, sentadas na mesa do bar em conversas que faziam despertar a curiosidade e treinar o intelecto. Não havia como escapar. Ao mesmo tempo a vida universitária unia a todos. Éramos jovens, íamos reformar o mundo, tudo ia ser melhor, sem desigualdades, sem dores. Contribuíamos com o melhor de nós mesmos. A vida era uma paixão. As expectativas se realizavam: a vida intelectual, os ideais da pátria, o encontro afetivo que aí surgiu e tudo iluminou.

De repente, o fim. Os perigos, as mortes, as tardes cinza. Minha gratidão a todos.

Cena IV – Os anos de formação

Um marco. Com meus livros, minhas poesias, minha filosofia, minhas leituras particulares, inicio o Instituto em 1972. A análise didática em 1971. Antes disso, a análise chamada terapêutica, com analista da Sociedade Brasileira de Psicanálise de São Paulo (SBPSP). Desde 1962, trabalhando em instituições e o consultório exigindo o melhor de mim, a análise pessoal era condição básica para o trabalho de base analítica. Como já disse, a análise de crianças foi minha porta de entrada. Freud e M. Klein eram os autores discutidos. A professora Virgínia Bicudo, recém-chegada de Londres, o doutor Durval, professora Lygia e professora Judith haviam, com seu esforço, levado à especialização clínica da USP o pensamento psicanalítico. Há pouco tempo, ao aceitar lecionar M. Klein no curso de Especialização em Psicoterapia Psicanalítica da USP, pensei em seguir os passos desses antigos professores, pioneiros em introduzir a psicanálise na universidade, proporcionando assim, aos novos estudantes, a oportunidade de contato com o movimento psicanalítico.

Ao entrar no Instituto fui encerrando minha análise em andamento, para cumprir os regulamentos institucionais. Perda mais tarde recuperada em reanálises, pois meu analista didata havia mudado de país. Mas, até hoje, me pergunto e polemizo o porquê desta exigência. Certas Sociedades não a estabelecem, aceitando a análise de candidatos por não didatas. Está claro para mim, hoje, que minha experiência com meu analista didata foi de valor fundamental. Mas considero meus dois analistas como modelos de minha iniciação interna.

Coloco aqui o problema de maneira ampla, pois, como hoje acontece com outros candidatos, minha análise pessoal transcorria, como posso relembrar, em grande troca de experiências emocionais e de conhecimento. Mas não me permitia aprofundar minhas orientações profissionais. Eu desejava ser analista, pertencer à SBPSP. Era minha escolha. Era, no meu entender, a finalização da busca interior que eu pressentia desde sempre.

Atualmente este assunto está sendo debatido mais amplamente. Nos congressos sobre a formação analítica o tema da análise didática está em discussão, bem como muitas outras exigências-padrão. Espero que isso tenha a ver com reflexões e convicções profundas, e não apenas com as dificuldades destes tempos modernos.

Pessoalmente, penso que a mera autorização institucional não dá conta da evolução interna de analista. Acompanhar a trajetória psíquica de alguém, principalmente de um candidato a analista, requer uma experiência emocional e uma intelectual tão integradas que cada analista só pode vivê-lo como um processo pessoal e único. As formalidades atuais para a passagem a didata pretendem dar conta dessa evolução interiorizada por meio dos trabalhos clínicos e teóricos apresentados. Em certos casos, tenho para mim, isso pode se evidenciar: quando a teoria e a prática se interligam para transmitir a carne da vivência analítica, suas dores, seus conflitos. Em outros trabalhos, muitas vezes, teoria e prática se dissociam, criando ou histórias conceituais validadas em si mesmas, ou apenas um relato de fatos que não integram os conflitos e paradoxos da alma humana numa hipótese psicanalítica.

É deste modo que vejo os impasses atuais da psicanálise: a relação entre a teoria e a prática. Mas estou me adiantando. Volto aos meus tempos de candidata.

Ao lado dos cursos do Instituto estive engajada no curso de análise de crianças e adolescentes, organizado, na época, pela Associação de Candidatos, com a vinda de professores argentinos e uruguaios (Kalina, Knobel, o casal Prego y Silva e outros). Foi aí que teve início a formação específica dentro da Sociedade, curso que, aos poucos, foi sendo absorvido pelo Instituto, até fazer parte, hoje, do corpo curricular. Aproveito a oportunidade para recomendar a todos os candidatos a análise de uma criança e de um adolescente. É um poço de aprendizagem, para quem tenha a justeza do olhar.

Os professores estrangeiros nos introduziram em novos autores. Tomei conhecimento de Winnicott, M. Mahler, Tustin, Dolto, Mannoni e outros. Estas últimas faziam passar o pensamento lacaniano, até hoje não estudado em nosso Instituto. Posteriormente, Piera Aulagnier foi uma descoberta basilar; considero seu pensamento como formador.

Hoje em dia as teorias circulam mais livremente dentro da instituição. Naquele tempo elas chegavam a conta-gotas. Não havia traduções ao alcance fácil. Passavam pelas importações. Mas o que foi importante nesses novos contatos foi contrastar novas e diferentes teorias. Era possível abranger a todas? Era necessário "escolher" uma e seguir uma coerência particular? Começo a me inquietar. Se a vida psíquica é o objeto de estudo da psicanálise, as diversas teorias são diferentes formas de alcançá-la? Mas, se todas fornecem um sistema fechado de pensamento, como abrigar a todas? A clínica sempre ultrapassa as teorias, mas é, também, o campo de suas comprovações. Como observar um fato analítico sem cair numa formatação específica? Ou é necessária esta forma para a apresentação ser considerada "científica"? E a contribuição original? Deve desenvolver-se em um novo sistema para ter validação possível? Acredito que os analistas futuros terão que enfrentar a correlação possível de teorias, sem o que, me parece, a fragmentação conceitual não dará corpo a um pensamento que se quer psicanálise.

Deixo em aberto estas questões, pois sobre elas me debruço a cada momento, principalmente no momento de avaliação de relatórios ou trabalhos societários.

Não posso deixar de assinalar, ainda em tempos de formação, o impacto da presença de Bion em nossa Sociedade, nos anos 1970. Forjou o tripé teórico de nossa Sociedade e Instituto durante muito tempo. Hoje temos um currículo eletivo mais aberto, no qual qualquer autor pode ser estudado dentro do percurso de formação. Mas, naquele momento, o impacto pessoal de Bion foi tão avassalador que chegou a criar, dentro do pensamento de nossa Sociedade, um impasse até hoje não bem elaborado. Foi como se seu conhecimento tivesse que ofuscar e impedir qualquer outra vertente de ideias. Transformou-se num sistema fechado. Para mim, como candidata, foi a experiência de um pensador em aberto, diferente de certas referências a Bion, nas quais se acabou anulando o impacto polêmico das teorias. Minha experiência foi diferente: vi Bion polemizando suas próprias conclusões, como Freud o fizera, ou M. Klein, enfim, todos aqueles que, evoluindo, repensam seus pensamentos. Foi um exemplo ao vivo. Suas conferências, suas supervisões refletiam, justamente, a dificuldade e a necessidade de fixar a mente humana em conceitos que a definam sem perder a intuição que a observa. Foi, para mim, o exemplo perfeito do paradoxo em psicanálise. Da função alfa ao conceito sem perder a riqueza fundamental das fontes iniciais: a relação analítica.

Enquanto isso, o que mais ocorria? A vida na Sociedade e a luta na Associação dos Candidatos. Éramos a única Sociedade, no Brasil pelo menos, a ter uma Associação de Candidatos. A distância hierárquica era enorme em outras Sociedades. Ter sido candidata na SBPSP foi um privilégio. Na conjuntura da época, era um oásis de liberdade de pensamento, permitindo a formação de uma representação de candidatos. Cheguei a ser presidente da Associação.

Antes de mim o Fabio Herrmann e a Amélia Vasconcelos. Depois, L. R. Candiota. Lembro esses nomes porque procuramos, todos, fazer da Associação uma nova fonte de conhecimentos. Além do curso de crianças, a Associação trouxe André Green para falar aos analistas de São Paulo. Acredito que, naquele momento, ele pensou ser o convite da própria Sociedade; o conceito de uma Associação de Candidatos não era claro. Creio que o surpreendemos. Ele esperava dialogar mais com o corpo societário que com os candidatos.

Assinalo estes anos como pioneiros na evolução da formação analítica. O curso de Crianças e Adolescentes faz parte do currículo do Instituto, os autores comentadores franceses estão sendo mais estudados (lembro-me de minhas leituras solitárias, em francês, de Diatkine, Lebovici, Joyce McDougall) e, principalmente, cada vez mais os candidatos começaram a ser ouvidos e fazer parte da vida do Instituto. É uma longa história até a presença, hoje em dia, de candidatos à mesa dos pré-congressos didáticos da Associação Brasileira de Psicanálise, debatendo os temas oficiais ao lado de didatas.

Cena V – Os tempos de madurez

Neste momento, ocorrências pessoais me obrigam a fazer um parêntese. Meu colega Roberto Kehdy sempre cita um poeta que diz: "Não foram os anos que me envelheceram, foi aquele minuto". No meu fazer-me analista foram eventos fundamentais: três minutos seguidos. Duas mortes e um afastamento. Em cada vida certos eventos obrigam a refazer uma história e redirecioná-la. O que fazer das perdas, quando acumuladas num curto espaço de tempo? Em tempos de luto abissal é preciso parar e pensar. Comigo e sob minha responsabilidade a família, os pacientes, a vida.

Refiz-me em novas análises. Retomei antigas conversas, busca constante de um significado inacessível. Quais as perdas reais? Quais as fantasiadas? Como diz M. Klein, os lutos nos obrigam a enfrentar os conflitos das primeiras perdas, o desamparo primitivo. Foi nessa época que se tornou clara, dentro de mim, a identificação com o projeto psicanalítico.

Cena VI – Reflexões sobre os caminhos da psicanálise e da prática analítica

Reconheço, assim, todo o trabalho dos analistas que forneceram e fornecem, com suas tentativas teóricas, a exposição desses caminhos pessoais em termos de funcionamentos mentais abstratos. Em nossa Sociedade, Isaías Melsohn, Fabio Herrmann, Armando Ferrari me ocorrem mais facilmente. Mas todos nós, em artigos ou trabalhos intrassocietários, tentamos refletir essas percepções.

Em minha trajetória institucional (como docente, analista didata, na Comissão de Ensino do Instituto e atualmente na Diretoria Científica da *Revista Brasileira de Psicanálise* – RBP), tomei contato com quase toda a gama de teorias criadas em psicanálise. E, neste momento, tenho para mim que certas teorias são fundamentais na compreensão da vida mental e dos afazeres humanos. O narcisismo, a identificação projetiva, a constelação edipiana, as teorias da angústia, a função alfa, os ataques ao vínculo, o conceito de *rêverie*, a proposta do objeto transicional, a teoria da violência da interpretação, a teoria do objeto originário concreto, a transferência quando sabiamente interpretada através do filtro contratransferencial, a relação corpo-mente como modelo primordial de comunicação intrapsíquica, as teorias do vazio, as organizações patológicas que complementam as relações entre as posições esquizoparanoide e depressiva, a teoria dos refúgios psíquicos – como não considerá-las projeções teóricas que auxiliam a balizar os dramas emocionais surgidos e percebidos na clínica? Além dessas, é claro, há muitas outras que cada analista poderá acrescentar e, mais que tudo, a compreensão pessoal e original de conflito psíquico vivido na prática das sessões.

É com essas linhas de pensamento que procuro alcançar uma compreensão mais abrangente do funcionamento mental. É com elas que acompanho as supervisões de candidato. Os autores se diversificam, mas o corpo de conhecimento psicanalítico se enriquece.

Quanto à prática psicanalítica, acredito ser este o momento para falar em término de análise, como projeto terapêutico a orientar a clínica. Como conduzi-lo? Como levar, realmente, o que era id a poder vir a ser ego e, desse modo, conduzir alguém a poder lidar consigo mesmo e com suas angústias vitais? Enfim, o que me parece fundamental é como lidar com o resíduo transferencial e torná-lo uma experiência emocional intrapsíquica, criando a originalidade de pensamento e a individualidade específica.

Tendo como modelo a relação corpo-mente, que forja os modos de funcionamento mental (relação essa que Piera Aulagnier chamou de filiação persecutória, porque leva a lidar com a mortalidade, com o final de tudo, e que Armando Ferrari chamou de objeto originário concreto, acionando a mente para pôr em eclipse esse corpo inaugural falante), sou conduzida a pensar, necessariamente, em uma outra faceta da relação analítica, muitas vezes obscurecida pelo vértice transferencial: trata-se da função catalisadora do analista, em que ele participa de uma experiência apenas para torná-la possível, sem deixar sequelas no resultado final. Esta função, presente desde as primeiras sessões, nas quais é mais necessária, vai ressaltar o núcleo original de pensamento, capaz de sobreviver sem a dependência transferencial. Trata-se, pois, de interpretar a vida mental na vertente intrapsíquica, que denota o núcleo original do funcionamento mental específico, ao lado das interpretações transferenciais, que explicitam as relações de objeto.

Vamos resvalar também, neste término de análise, nos processos mentais que envolvem as perdas das fantasias, tarefa das mais árduas, pois faz transparecer a angústia persecutória das perdas: perda de identidade, da graça de viver, do impulso libidinoso, da garra pelas realizações e, em casos mais violentos, quando as fantasias envolvidas são de caráter extremamente primitivo, do prazer sádico da destruição. Não consigo esquecer, por exemplo, a experiência analítica de um garoto de 7 anos, que havia vivenciado, aos 3 anos e meio, a tentativa de suicídio materna - a mãe tentava se atirar da janela com ele ao colo. Numa sessão, vejo-o adentrar a sala com um castiçal de papel e uma vela acesa. Acostumada aos tremendos ataques da criança, quer à sala, quer a mim, apago a vela temendo um desastre incontrolável. Qual a minha surpresa ao vê-lo triste, com a vela na mão, dizendo que havia feito o enfeite na escola, enfeite do Dia das Mães, para mim. Aceito o fogo, a vela, o castiçal e tento, dentro do possível, mostrar-lhe seu movimento interno de afeto e carinho (percepção de seu movimento mental intrapsíquico), assim como assinalar a relação transferencial, em que os ataques mortíferos se dissipavam pela mudança, por meio da transferência, da fantasia de uma mãe assassina para uma mãe continente. Pudemos restaurar assim a possibilidade de alguma brincadeira, algum pensamento, alguma existência de um mundo interno e externo mais habitável.

Assim, reproduzida em formas mais violentas de amar e destruir ou em formas mais amenas de relacionamentos, o que está implicado, na relação analítica, é desfazer a fantasia inconsciente transferencial e salientar o reconhecimento de um núcleo original próprio de cada paciente. Quanto mais cedo lidarmos com os limites particulares de cada um, mais possível será retomar a própria vida sem a fantasia onipotente da dupla transferencial.

Mas a análise pode efetuar-se dissociada da responsabilidade do viver. Enroscada em si mesma, pode, pela patologia da relação envolvida, não levar o tempo em consideração. Se no inconsciente ele não existe, ele é função de ego. O tempo de vida deve ser restituído ao paciente.

Isto leva, necessariamente, a incluir no projeto terapêutico a ideia de separação, desde o início, alternando-se então as interpretações de movimentos intrapsíquicos com as de nível transferencial, assinalando assim, desde sempre, a impossibilidade de uma fusão completa e total, desejada pelos pacientes e muitas vezes reforçada pela adesão do analista. Analisar os modos de funcionamento mental próprios de cada paciente, em que ele pode se ver confrontado com suas próprias experiências mentais, afasta-o o suficiente do foco contínuo de uma relação objetal abrangente. E o torna corresponsável pelas suas manifestações vitais.

Na prática analítica, tanto a comunicação com o núcleo interno próprio quanto as projeções transferenciais serão privilegiadas pelas interpretações do analista, que proporá, a título de hipóteses, o universo individual e suas relações com o mundo exterior. É claro que tudo depende do *timing*, da percepção, da sensibilidade de analista para privilegiar ora um, ora outro dos mecanismos atuantes.

Cena VII – Desafio atual

As teorias nos auxiliam a configurar a experiência mental humana, e a teoria psicanalítica cada vez mais nos esclarece sobre a natureza do homem.

Mas o berço dessas contribuições acontece no vivo da relação analítica. O que aconteceria se a prática deixasse de contribuir para novas aproximações? Seria possível a teoria se alimentar de si mesma e buscar apenas os nexos intelectuais de coerências conceituais? Não nos parece a vocação da psicanálise, ou ela se tornaria apenas mais um capítulo da história da teoria do conhecimento, desenvolvida pela filosofia. O inconsciente tornar-se-ia apenas um conceito operativo da razão. A importância dessas reflexões é evidente. A existência de diversas teorias está induzindo os pensadores atuais da psicanálise a refletir sobre suas convergências e divergências, o que pode resultar numa análise crítica de grande potencial.

Mas o que desafia a prática analítica, na atualidade, é o mundo contemporâneo e seus novos valores. Não apenas pelo desenvolvimento tecnológico ou dos psicofármacos, que sempre existiram. O perigo em jogo, parece-me, e que nunca se deu antes, é o modelo oferecido pelo novo fetiche virtual e a prática acelerada de vida que ele propõe. Os seres humanos parecem ter que se adaptar a um tempo das máquinas, que não é compatível com as fantasmagorias do desejo.

Para além das fugas pelas drogas, pelo sexo dissociado, pelas violências sociais, as vidas de jovens adultos atuantes no mercado profissional nos indicam uma dificuldade própria de uma modernidade dita "normal". Sempre jogados de um lado para o outro, ao sabor de compromissos de trabalho, de características extremamente mortíferas para um observador dos movimentos psíquicos, não encontram o espaço e o tempo para as realizações (ou fracassos, que seja) das áreas afetivas, familiares ou lúdicas.

A concretização de um contrato de análise é de difícil realização. Ela envolve uma rotina de tempo, data e lugar inteiramente desprezada pelas propostas de globalização. Os tempos atuais quase não permitem as viagens internas, tanto as externas ocupam o espaço físico e mental.

Como será o futuro? Nesse campo as demais práticas psicoterápicas, muitas delas baseadas nos conhecimentos psicanalíticos, acabam sendo privilegiadas. Parece que a psicanálise, em seus padrões fixados pela International Psychoanalytical Association (IPA), tende a se fixar nas chamadas análises didáticas. O que, contudo, leva ao efeito circular da falta de casos para supervisão. Tudo isso vem sendo discutido em diversos congressos e indica uma autorreflexão produtiva. Os analistas terão que reformular suas propostas? Será que, realmente, a turbulência da experiência emocional analítica se faz apenas nas condições padronizadas? Acredito que estas proposições importam mais, neste momento, que temermos as tecnologias e as químicas. Quanto a isso nada podemos fazer. Mas pensar nossa prática, nossa proposta terapêutica, os meios de realizá-las, é tarefa nossa.

Pensar a vida futura da psicanálise vai implicar estabelecer uma relação com a vida contemporânea refletida na análise de candidatos. Também são jovens, necessitam trabalhar e querem exercer, em seus consultórios e instituições, o conhecimento que a psicanálise permite. Como membro das mais diversas comissões de ensino fomos percebendo, cada vez mais, as dificuldades dos candidatos em manter análises dentro dos padrões estabelecidos. Não seria o caso de nos perguntarmos se a supervisão da clínica do candidato como um todo, sem nos fixarmos em um ou dois casos particulares, não daria conta da absorção do método analítico? São ideias que estão sendo debatidas na Comissão de Ensino e, parece-me, em várias outras Sociedades. Seria isso confundido com as chamadas psicoterapias de base analítica? E o que é, no fundo, "psicoterapia de base analítica"? Será que existe independente da psicanálise?

Não é o que entendo. Psicanálise, para mim, é um longo processo interno de conhecimento de si mesmo, é um longo tempo de pensamentos abstratos sobre a vida mental, e, além de tudo, a profunda integração da síntese mental. Uma vez adquirida não pode mudar de nome. À psicanálise a gente chega, em tempos de madureza, e não é mais possível tergiversar consigo mesmo: isto é válido para crianças, adolescentes, adultos, candidatos, neuróticos, psicóticos, enfim, para qualquer pessoa que um dia embarcou para aventurar-se dentro de si mesma e encontrou o porto seguro de sua própria individualidade.

Chego ao final destas memórias. Cada uma delas é uma história em si mesma. Funcionaram como o perfume da *madeleine* de Proust. Evocaram dores e alegrias e, principalmente, uma trajetória de vida, estudo e trabalho e dedicação. Valeu a pena vocês me acompanharem? Espero que sim. Dialoguei com o que pude. Também silenciei muito, porque o silêncio é o significado interior próprio. Agradeço a oportunidade de recontar-me. A sempre mesma antiga nova história.

11. História da formação de analistas na Sociedade de São Paulo a partir da experiência de Myrna Pia Favilli[1]

Protoformação - década de 1960

Minha história na Sociedade é consequência da minha formação em Filosofia e do curso de especialização em psicologia clínica na Universidade de São Paulo (USP), sob a regência do doutor Durval Marcondes, Virgínia Bicudo, Lygia Alcântara e Judith Andreucci. Em todas as protoformações que fiz, tive contato com a Sociedade Brasileira de Psicanálise de São Paulo (SBPSP), uma vez que meus professores eram psicanalistas que pertenciam a ela.

Sempre foi aconselhado, na formação, que se fizesse uma análise pessoal, para se ter certa facilidade dentro de si para entender dramas antigos, pessoais e os dramas do outro.

---

1 Uma versão deste capítulo foi publicada anteriormente em *Dimensões: Psicanálise. Brasil. São Paulo* (São Paulo: SBPSP, 2012, pp. 673-683).

Início da formação – década de 1970

Solicitei a entrada na Sociedade na década de 1970 e iniciei o processo de formação. Naquele momento, eu fazia parte da Higiene Mental Escolar de São Paulo, instituição da Secretaria de Educação criada por Durval Marcondes.

A admissão na Sociedade exigia entrevistas com três analistas e a submissão a testes psicológicos. Depois desse processo, recebi uma carta da diretora do Instituto, na época a Virgínia Bicudo, que dizia que eu estava apta a alcançar a Sociedade.

Naquela época se exigia um ano de análise didática antes de se iniciar os cursos de formação.

A formação ocorria ano por ano, não havia módulos como atualmente. Eram quatro anos, duas supervisões, dois relatórios e aprovação pela Comissão de Ensino desses relatórios. Terminada essa trajetória, era-se qualificado como membro da Sociedade.

Formação e transformação

Então, quando entrei, eram poucas as pessoas, sete ou oito, que pertenciam à Sociedade, e didatas, apenas dez. A média de entrada de candidatos a cada ano era de oito a dez pessoas.

Junto com a formação de adultos, me dediquei também à formação como analista de crianças e adolescentes. No decorrer do tempo, fui participando da vida científica e docente da Sociedade, chegando até a minha formação como didata e diretora do Instituto.

Para que a formação de crianças e adolescentes se tornasse oficial – era um curso organizado pela Associação de Candidatos na época –, além dos professores de nossa Sociedade, que nos amparavam no estudo e na clínica de crianças, começamos também a trazer professores do Uruguai, da Argentina, pois não tínhamos ainda uma situação organizada aqui. Isso foi regulamentado como curso oficial do Instituto na diretoria do doutor Galvão, criando novos modos de pensar a análise de crianças e de adolescentes.

Importância da psicanálise para o meio social na época da formação

Acho que aqui, em São Paulo, a psicanálise existia como uma situação de ponta: isso era na década de 1970. A Sociedade ainda era nova em termos de uma introdução na cultura. Naquela época, a psicanálise estava ainda surgindo no movimento tanto cultural como médico, mas havia grande oposição a ela, que vinha do pessoal do HC. Estou falando por meio de minhas informações daquela época.

Mas também havia um grande reduto de psicanalistas na Faculdade Paulista de Medicina, do qual o professor Darcy Uchôa, que fazia parte da Sociedade, era um dos pioneiros, um dos nossos dez analistas didatas naquela época.

Especificidade da SBPSP

Uma coisa muito particular da nossa Sociedade, desde essa época, é ter sido a única que aceitava não médicos entre seus candidatos a analista. Temos como exemplo desse período o professor Philips, a dona Virgínia, a professora Lygia.

Entre as Sociedades ligadas à International Psychoanalytical Association (IPA), nossa Sociedade já surge com sua característica pioneira de construir situações novas no ambiente cultural.

Aqui sempre houve essa possibilidade de um chamado a pessoas que, por sua disposição pessoal, chegaram à psicanálise.

Considero a psicanálise um lugar aonde podemos chegar muito cedo na vida, às vezes mais tarde, mas é um lugar onde podemos descobrir que existe algo dentro de nós, uma força que se chama inconsciente e que nos governa de algum modo, porque sabemos que, no fundo, "não tem governo nem nunca terá", mas que nos introduz em uma experiência de vida.

Falando de seu analista e da construção do pensamento psicanalítico na Sociedade de São Paulo

Ferrari, que foi meu analista, se destacou como uma das pessoas que podemos chamar de pensadores brasileiros da SBPSP. Alguém que construiu uma obra pessoal, a cujas ideias você pode aderir ou não, mas não resta dúvida de que elas são muito originais.

Ferrari não gostava muito do termo "patologias humanas", porque gostava de pensar na originalidade do pensamento psicanalítico. Ele falava em personalidades harmônicas e desarmônicas, que não estão ligadas a um conceito patológico da vida humana. Considerava que poderia haver uma desarmonia mais grave ou uma harmonia no sentido de existir uma coerência interna da própria pessoa consigo mesma, uma harmonia em relação ao que potencialmente poderia realizar. Por exemplo, pode-se viver uma situação mais difícil de vínculo consigo mesmo quando não se chega a desenvolver aquilo pelo qual se é chamado na cultura na qual se vive.

Além do Ferrari, entrei em contato com pessoas que considero também pensadores brasileiros, Isaías Melsohn, por exemplo, que foi um dos pioneiros ao construir uma obra própria de pensamento conceitual, e Fabio Herrmann. No sentido da evolução da nossa formação, esses psicanalistas entraram no nosso modo de pensar o Instituto e a Formação.

Atualmente podemos encontrar novos colegas que organizaram uma conceituação específica.

Modo de pensar a psicanálise

Minha forma de funcionar é sempre fazer as ideias circularem com toda liberdade no que entendo como mente humana. Na psicanálise, todos, para mim, são pessoas que descobriram ou chegaram a perceber certos movimentos mentais universais que não se fixam em um autor só, ou em um único pesquisador. Toda história da psicanálise é um desenrolar de ideias e de contribuições de vários autores.

Início da participação ativa dos candidatos

Começou ali, na década de 1970, essa participação dos candidatos, que passaram a ser considerados pessoas que eram capazes de pensar a psicanálise. Considero também essa experiência um privilégio da nossa Sociedade. Tenho impressão de que São Paulo começou uma movimentação de receber os candidatos na sua estrutura básica ali, na Comissão de Ensino, e nas Diretorias do

Instituto. Foi uma conquista grande porque, naquela época, nós, candidatos, não podíamos sequer frequentar reuniões científicas.

Tudo começou, para mim, em uma representação de candidatos, que na minha história de trabalho na instituição culmina com a participação de Comissão de Ensino, didática, em duas gestões como diretora do Instituto de formação psicanalítica - a primeira vez na presidência de Ana Maria Azevedo e a segunda, na presidência de Luís Carlos Menezes - e diretora científica na antiga *Revista Brasileira de Psicanálise* (RBP).

O que acho importante nisso tudo é que essa nossa movimentação, que depois resulta em toda uma ideologia que permanece até agora, é uma história de liberdade de escolher um caminho.

Enfim, nossa Associação de Candidatos convidou Green a vir falar em São Paulo, na época em que publicou o primeiro livro e também no momento do rompimento com Lacan.

Foi o nosso primeiro contato com a psicanálise francesa.

Tradição e atualização

Naquele tempo, nosso currículo tinha um perfil bastante inglês e era dirigido ao estudo de Freud e Melanie Klein. Bion ainda não tinha entrado no currículo.

Virginia convidou Bion a dar palestras em São Paulo nos anos 1970. Ele era um autor não curricular que estava produzindo sua teoria e veio nos trazer pensamentos novos.

Mesmo Freud, por algum tempo, não estava no currículo de modo sistemático como agora.

Você fazia quatro anos de parte teórica, ficava só com a supervisão e fazia os relatórios. Não havia a obrigatoriedade da formação continuada.

Então, o que estou procurando mostrar é que havia um perfil mais britânico na Sociedade, e, com a vinda do Green, a nossa Sociedade começou a ter outra possibilidade, porque - como é a história? - "na história quem sabe faz a hora, não espera acontecer".

A conquista dos cursos eletivos

A história é bem comprida, ela vem de anos de trabalho. Minha geração foi se formando, uns se tornaram docentes, e um grande divisor de águas foi a criação do estatuto de 1984. Houve na Sociedade uma insatisfação não só dos candidatos, mas em vários aspectos porque, praticamente, o Instituto ficou paralisado.

Posso pensar que ficou "paralisado" em relação ao crescimento da psicanálise na época. Ela teve penetração grande, em que o pensamento psicanalítico se introduziu nos vários contextos das ideias, nas outras ciências humanas, na universidade.

Lembro que vinham muitos professores de literatura em busca desse conhecimento que impregna a construção até de romances, como podemos ver pelos chamados romances psicológicos. E a psicanálise começou a surgir como um discurso teórico reconhecido pela cultura, que chegou a aparecer até em novela da TV.

Então, é nessa fase dos anos 1970 que há grande inquietação no Instituto. Não havia didatas suficientes no sentido de quantidade para dar conta da formação.

Havia toda uma situação meia reguladora dos movimentos psicanalíticos, e a série de insatisfações culminou com a construção de um novo regulamento.

O Instituto ficou em recesso para formação pela interferência da IPA, e era preciso negociar a reabertura do Instituto.

Foi em uma dessas mudanças que esse nosso grupo, já como membros, todos contemporâneos – por exemplo, entre muitos outros, Deodato Azambuja, Fabio Herrmann e Leopold Nosek –, teve um papel importante na instituição e foi participando de uma série de eleições para a presidência da Sociedade.

Criamos uma nova situação diretiva, tendo em vista a abertura maior da formação de psicanálise. Estávamos aí trabalhando e, como era um processo democrático, que considero a base da nossa Sociedade, pudemos estabelecer novos caminhos.

A primeira reformulação foi do ensino de Freud, que passou a ter dois anos e meio. A partir da aprovação das Comissões de Ensino, começamos a construir um novo regulamento para o Instituto, introduzindo a segunda reformulação: os cursos eletivos.

Desse modo, a escolha daquela Comissão de Ensino foi de organizar o tempo dos cursos obrigatórios e introduzir outros que fossem pertinentes ao desenvolvimento da psicanálise. Os professores poderiam oferecer novos aurores e apresentar temas próprios de seu estudo pessoal.

Fundamentalmente, o que os cursos eletivos buscaram eram as contribuições de cada membro e candidato.

Meu desejo pessoal era formar não apenas seguidores da psicanálise, mas pessoas capazes de pensá-la.

Esta é a história da vanguarda do curso eletivo, que acabou acontecendo na diretoria da Sônia Azambuja.

O coração da Sociedade é o Instituto

Que fique anotado – para mim, o órgão vital da Sociedade é o Instituto. As coisas se passam no Instituto, os primeiros sintomas de qualquer modificação são sentidos no Instituto. Ele representa o que será a Sociedade passados dez anos.

A psicanálise ontem e hoje

Eu me lembro do trabalho que apresentei quando terminei meu curso de qualificação em 1978 (Capítulo 6 deste volume).

Esse trabalho introduz uma questão que era produzida pela mudança cultural que ocorria na época. Nesse momento, a Barbie surgiu como boneca; elas, as bonecas, não eram mais nenezinhos. A figura materna não ficava só no imaginário infantil como o simbólico da maternidade. Introduziu-se um dos primeiros movimentos feministas, uma boneca que tinha bundinha, peitos, uma boneca mulher sensual, naquele tempo não se chamava Barbie, mas Susie. E esse meu menino, meu paciente, brincava com a Susie o tempo todo, roubava a Susie das irmãs etc.

Então, a partir dessa experiência, comecei a estudar masculinidade e feminilidade por meio de Winnicott, o sentimento da paternidade, como é que aparecia a figura do masculino no menino etc. Eram autores "não oficiais".

Gostei muito de ter feito esse trabalho, ele era pioneiro para a época, e nele discuto também a cultura, a situação do brinquedo, a função do boneco.

Há pouco tempo também publiquei, junto com colegas, outro trabalho (Capítulo 5 deste volume), que fala também da cultura, das bonecas, das menininhas que querem ser *top model* e dos meninos que têm de ser os campeões universais, e dos transtornos alimentares que estão publicados em certo sentido no que diz respeito à masculinidade e à feminilidade, que até hoje trafega pela cultura com suas diversas variantes.

Marca da nossa Sociedade

Não é à toa que nossa Sociedade foi construída com pessoas de diferentes formações acadêmicas: a Lygia da Pedagogia, o Philips era engenheiro, o Darcy, médico, e a Virgínia da Sociologia.

Já existia na nossa Sociedade um solo que não era bem-visto pelas outras Sociedades. Nossos didatas naquele tempo defenderam a participação de colegas não médicos para exercerem a psicanálise.

Desde os seus primórdios foi assim.

Acho que nós mantivemos essa tradição de liberdade. Então há sempre uma dialética entre o novo e o antigo, que é uma dialética universal. Você deve tomar posse daquilo que você herda e levar para a frente o que for possível.

A riqueza da nossa Sociedade também tem uma coisa fundamental: ela nunca se separou. É uma Sociedade característica em que as forças pensantes nunca se organizaram como em outras Sociedades. Diferentes formas de pensar a psicanálise coexistem lado a lado sem que haja um ponto de fragmentação.

Qual é a característica disso, se é boa ou não, acho que cabe à próxima geração responder. Acredito que é do jogo dessas forças mesmas que se deve procurar uma saída para a não estagnação.

Contudo, essas forças ficam daninhas quando se dirigem para aviltar o outro. Assim, é como se o que fosse bom seria ter formação igual, e dessa forma entramos na zona dos preconceitos. Contra isso lutei até hoje e vou lurar sempre que puder. Eu posso não concordar, mas não posso permitir que os pensamentos sejam censurados como forma de poder institucional.

Análise condensada

Na minha gestão de diretoria aconteceu outro problema. O mundo vai mudando pelos seus movimentos, e na nossa Sociedade, na época em que fui diretora, em 1991, houve um movimento que surgiu dos candidatos que viajavam do interior para fazer formação em São Paulo.

Vale a pena lembrar que a dona Virginia queria muito que a psicanálise existisse nos vários recantos do país. Eu me lembro dela falando que a Capital Federal não podia ficar sem a psicanálise. Estavam fundando a Universidade de Brasília, e ela conseguiu instalar um Instituto anexo da SBPSP.

Ela tinha de criar algo do jeito dela a respeito da análise didática. A cada quinze dias, os cursos e a supervisão não eram um problema, mas a análise tinha de ser feita quatro vezes por semana. Era o regulamento.

Foi se instituindo a análise condensada de início, aos poucos, acho que foi com o pessoal de Ribeirão Preto, mas com Brasília a questão se escancarou.

Quando eu era diretora, veio a IPA e brecou, não se podia fazer análise condensada, tivemos de fazer uma nova batalha para conseguir continuar. Ao final, conseguimos que fosse reconhecida como análise didática.

Análise quatro vezes por semana

Pouco tempo atrás houve uma modificação no regulamento formal da IPA no item análise didática, feita quatro vezes por semana. Mas houve um movimento da América Latina feito por todos os delegados, mostrando que quatro vezes por semana, na prática, estava difícil de realizar. Então o que acontece quando o regulamento fica distanciado das bases? Começa a dificuldade de cumpri-lo.

Então a IPA abriu a possibilidade de três a cinco sessões.

Vamos pensar agora uma coisa pessoal: que cada um de nós, hoje, faz análise com um cabedal de experiências e de diversas teorias desde Freud. A abertura da IPA, a meu ver, é um sinal de liberdade e criatividade ao pensar a formação nos Institutos.

Sem zona de conforto

Se eu for ler sempre a mesma coisa fico em uma zona de conforto que não me leva a lugar algum, mas me produz algo parecido com uma eterna garantia. Por exemplo, se eu ler sempre as mesmas coisas, estarei sempre fundamentado. Acredito, contudo, que é preciso ler os novos para que as inquietações provoquem nossas ideias. Essa liberdade de pensar e de sintetizar vários tipos de conceituações me produz não o sentimento de garantia, mas a satisfação de uma criatividade possível.

Na redoma ou na cultura

O analista é um ser no mundo, nós somos no mundo, nós existimos no mundo, e a instituição tem de se abrir para o mundo.

Todas as questões das transformações culturais estão em vigência com a presença, por exemplo, da fertilização controlada, da constituição de novas famílias etc. A não ser que, por exemplo, se vá proibir que haja fertilização; que as novas formas de criar uma criança não existam, coisas assim.

Acho difícil controlar a cultura, você pode fazer estudos bioéticos de tudo isso. Então vai se destruir um feto que tem algum defeito? Acho que vai surgir uma série de critérios e a observação dos direitos humanos. Vai caber aos analistas, que receberão cada vez mais pacientes que vivem essas transformações, repensarem se elas vão reformular nossos conceitos básicos, e pensar como o estudo da vida mental pela psicanálise pode ser enriquecido por meio das clínicas contemporâneas.

Vale a pena, pela riqueza da estimulação que propõe determinada época, utilizar todos os elementos, os novos e os antigos, para repensar não apenas a própria subjetividade, mas também todas as produções humanas que somos capazes de assimilar. Acredito que a psicanálise seja o instrumento fundamental para alcançarmos, sempre, um patamar mais profundo do que já existe.

O que um paciente procura no consultório de psicanalista

No Capítulo 2, publicado originalmente no livro *Perturbador mundo novo*, de 1994, falo de um robô que supostamente existiria se um dia a Sociedade de Psicanálise ficasse totalmente perdida entre a tecnologia. Então, se isso acontecesse, teríamos um robô que chegaria com um menininho brincando e aí o menininho falaria para o robô: "Eu quero brincar de uma coisa nova porque estou cansado disso". Aí o robô falaria: "Então fala qualquer coisa que vamos conversando. Fala o que te passar na cabeça que nós vamos continuar conversando".

Acredito que faz parte do ser humano essa troca, esse diálogo que nunca vai deixar de existir, essa psique que foi aparecendo e está aí para sempre.

Por exemplo, o desenvolvimento da educação feminina, que a psicanálise estimulou, mudou o mundo. Antes de Freud, antes de 1900, com as histéricas, o que se fazia era primeiro internar a pessoa como se fosse louca, como se qualquer coisa que ela fizesse estivesse fora do mundo. Havia toda uma camada repressiva de uma civilização, uma cultura extremamente violenta e mentalmente invasiva.

O que foi ocorrendo foi a liberdade de se perceber que a mulher tem desejo, sexualidade, até se chegar à liberdade de criar a pílula anticoncepcional.

Agora, o contrário também poderia acontecer como um retrocesso. Por exemplo, se um analista for preconceituoso, poderá dizer que não faz análise de homossexual ou se recusar a considerar se os casais de mulheres lésbicas podem adotar uma criança. Tais questionamentos farão parte de toda a solicitação feita à psicanálise.

Uma mulher atualmente pode ir a um banco de espermatozoides, mesmo que ela seja lésbica, e ter uma criança. Mas ela não pode adotar uma criança. O que está acontecendo?

Tudo isso será cada vez mais estranho se nós não conseguirmos pensar a cultura. Daí talvez surjam as novas ideias para enfrentar as mudanças culturais.

É por isso que acho que a nossa instituição deve acolher todo tipo de situação. O que a nossa Sociedade faz é de uma importância fundamental para com a área de Direito, com várias palestras que faz sobre família etc. Acho fundamental porque considero que conhecimento, para mim, não faz mal, é bom que venha de onde vier.

Como tomar um café com leite por dia faz bem, o conhecimento não faz mal, você tem de comê-lo e vivê-lo. Quanto mais você puder variar o seu cardápio, mais rica será a sua alimentação.

Quem procura o psicanalista hoje

Pode ser que chegue o dia em que ninguém vá procurar um psicanalista. Não vou deixar de ser psicanalista por causa disso.

Acho que a demanda da psicanálise, o que trouxe até nós a possibilidade de descrever a vida mental do psicótico, do neurótico, foi a demanda de sofrimento de alguém.

Freud queria que aquelas mulheres pudessem andar. Se aquela histérica pudesse andar, ela não iria procurá-lo. Ela foi procurar Freud porque sofria intensamente.

Então vamos dizer que uma Sociedade é tradição, é novo, é criatividade, tolerância e capacidade de conter as angústias que virão. Se alguém vai nos querer é outro problema, vamos continuar esperando. Eu continuo com o meu compromisso com a psicanálise.

12. Formação do analista[1]

No dia 5 de outubro, alguns dias após a Jornada para discussão do modelo de formação do analista, entrevistamos Myrna Pia Favilli, atual diretora do Instituto de Psicanálise "Durval Marcondes" da Sociedade Brasileira de Psicanálise de São Paulo (SBPSP). Esta Jornada, de iniciativa dessa Diretoria, trouxe, para discussão de todo o corpo societário, questões importantes para a formação do analista, tema escolhido para o presente número de nosso Jornal.

Jornal – Myrna, em nome do *Jornal de Psicanálise*, queremos agradecer sua gentileza de nos conceder esta entrevista. Inicialmente gostaríamos que falasse um pouco sobre como vê a formação do psicanalista, quais são os pontos que considera importantes na formação do analista?

Myrna – Estamos sempre dispostos a pensar a formação e a função do analista. O fundamental, segundo nosso modelo

1 Uma versão deste capítulo foi publicada anteriormente em *Jornal de Psicanálise, 38*(69), 57-71, dez. 2005.

Eitingon, é o tripé: a análise do analista – que em alguns casos se chama didática, em outros casos, não, como no modelo francês, por exemplo; enfim, a análise pessoal –, as supervisões e a teoria. No meu entender, a análise didática é o instrumento para que os outros pés do tripé funcionem bem. É a partir desse instrumento, que desenvolvemos na experiência de análise, que poderemos lidar com situações analíticas e posteriormente conversar com um outro analista sobre o que está se passando, que seriam as supervisões. Também o entendimento dos textos psicanalíticos vai se explicitando mais conforme a análise se aprofunda. Não que não haja uma leitura leiga. Mas sabemos o quanto se caminha num texto analítico cada vez que nos aprofundamos mais, quer numa relação com nós mesmos, quer numa relação com o paciente.

A formação analítica traz questões que a nossa Jornada buscou debater. Como vocês sabem, tivemos uma jornada no dia 1º de outubro em que se procurou trazer à Sociedade uma proposta para discussão que diz respeito à formação analítica e que de algum modo chega à International Psychoanalytical Association (IPA) por meio da problemática da contemporaneidade, da busca de formação por aqueles que se debruçam sobre a psicanálise. A moção da IPA que esteve em jogo na 1ª Jornada dizia respeito principalmente à análise didática, considerada de natureza fundamental. Porém não era apenas o número de sessões que estava em questão – este era apenas a parte mais pontual da moção –, mas sim a liberdade de cada Instituto pensar um pouco sobre o que está vivendo como sua experiência. Pensar o que a sua vida social e cultural está pedindo, como está levando pessoas a buscar formação, qual a demanda de formação. Então, na medida em que isso foi um movimento que veio da periferia para dentro da IPA (o que chamo aqui de periferia são os Institutos que fazem parte das Sociedades), os membros foram, de algum modo, percebendo que a questão da análise didática não passava, necessariamente, pelo número de sessões, e que esta questão poderia ter uma maior flexibilidade dentro dos Institutos, levando em conta, algumas vezes, casos pessoais. Parece que já existem Institutos que definem o número de sessões a partir de um acordo entre analista e candidato, conforme o momento da análise. Segundo esse modo de entender, estaria em jogo a liberdade não só dos Institutos, mas uma configuração que tirasse da análise didática o caráter meramente institucional para torná-la mais condizente com o que se busca de realização interna em uma análise.

Jornal – Na Jornada sobre modelo de formação, foi apresentado um dado sobre nosso Instituto que de certa forma parece preocupante: trata-se da diminuição crescente da procura por formação no nosso Instituto. Se em 1990/91 187 pessoas procuraram ingressar na nossa formação, em 2003 apenas 69, quer dizer, apenas um terço da demanda de uma década atrás. Um quadro semelhante se observa quando comparamos o número de pretendentes que, dentre os selecionados, iniciaram a análise didática. Na seleção de 1990/1991, 25 foram selecionados e 24 iniciaram a análise, quase 100%. Enquanto em 2003/2005, dos 27 selecionados, apenas 16 iniciaram.

Quer dizer, vivemos dias críticos. Não só diminui drasticamente a procura como também, dentre aqueles que procuraram, quase metade não a iniciou.

Como a senhora vê essa situação? Será que a proposta da IPA de flexibilização ou, se não quisermos chamar de proposta, a permissão da IPA para essa flexibilização de alguma maneira não responde a essa situação, se pensarmos que ela é observada também na maioria dos Institutos da IPA? Como nosso Instituto poderá responder a essa questão?

Myrna – Vamos por partes. A promoção da Jornada foi justamente uma tentativa do nosso Instituto de responder a essa questão. Tentar ouvir os membros e os candidatos a respeito do que está sendo vivido na contemporaneidade nas instituições psicanalíticas ligadas à IPA. Claro que a nossa Sociedade está viva e atuante e com produção científica grande. Agora, em termos de números, como você mostrou na pesquisa que foi feita, a procura vem caindo, e poderemos criar hipóteses. Em alguns Institutos a procura tem caído mais, em outros, menos, mas é um movimento mundial que está se notando nas mais diversas situações, nos diversos países, nos Institutos mais diversos. Estive agora no último Congresso da IPA, no Rio, na reunião de diretores. Havia um clima – não sei se outros colegas que participaram sentiram a mesma coisa –, um clima muito depressivo, como se não tivéssemos criado com muito carinho algo de extremo valor e muito precioso e que não estaria tendo o seu reconhecimento dentro dessa nova contemporaneidade, diferente daquela que Freud e nós, até a década de 1970, nos propusemos a cuidar e que se tornou um movimento muito amplo, muito ativo. Estão em jogo críticas externas, o desenvolvimento da farmacologia, entre outras coisas. No meu entender, talvez a psicanálise tenha feito um desafio muito grande ao resto do mundo e as forças contrárias estejam se levantando. Penso em Freud, quando disse que ia levar a peste, e o quanto todo esse movimento de revelação do psiquismo pode perturbar.

Jornal – Depois da peste veio o fascínio.

Myrna – É isso o que estou colocando. Foi um movimento em que o fascínio levou a uma certa onipotência. Como se aquilo que nós construímos e tentamos mostrar em relação às dificuldades do que é vir a ser um ser humano, buscando encarar a vida como algo mais próximo de Eros do que de Tânatos, de algum modo, trouxesse também um desenvolvimento fora da nossa área com um aumento do que chamaríamos de tanático. Se nós quisermos pensar, a partir de Hiroshima, o mundo, nós, os seres humanos,

nos confrontamos com o perigo de desaparecimento. Quando foi deflagrado o domínio do átomo, desencadeou-se uma situação de guerra fria, na qual qualquer um dos dois lados da disputa poderia decretar o fim do mundo. No período entre as décadas de 1950 e 1970, com o grande desenvolvimento tecnológico, a potência destruidora da espécie foi desviada um pouco para a luta no espaço. Por que temos essa tecnologia tão altamente desenvolvida? Foi um produto da pesquisa do espaço. Havia uma situação na qual era necessário dominar o espaço para ter também um domínio de outra forma de poder. Então, é toda uma conjuntura, em que Tânatos começou a ficar muito evidente, que leva a esse desenvolvimento tecnológico, fazendo com que o fascínio da psicanálise vá entrando em eclipse, já que estamos falando de espaço, uma vez que as forças que estavam em jogo são muito radicais. Nesse contexto, como vamos poder pensar psicanálise? Não falo nem no sentido de mudança do número de sessões de três ou quatro vezes por semana, nem da profundidade do instrumento analítico, pois acho que nenhum de nós duvida do instrumento que tem. Mas falo de como os Institutos e os psicanalistas vão poder pensar a psicanálise numa sociedade de extrema rapidez. Não apenas as novas patologias estão em jogo, mas o que realmente está em jogo é a velocidade das mudanças da vida do homem atual, o que cria outra ânsia, outra busca, uma realização rápida, algo que nós sabemos de algum modo, pelo menos aprendemos com a psicanálise, que não tem muita sintonia com a dramaticidade que o ser humano tem que passar nas suas angústias de sobrevivência, nas suas angústias para amadurecer e se integrar emocionalmente.

A resposta que podemos dar, e que não deve ir no sentido de nos transformar imediatamente como estímulo-reação, nem de termos que ser rapidinhos para poder fazer frente a isso, segue em outra direção. Como instrumentar pelo menos os cem anos de conhecimento em que a psique humana já foi estudada e de que modo esse conhecimento pode ser veiculado no *setting*, numa interpretação, numa proposição, ou numa hipótese de pensamento. Utilizar uma situação que tenha uma flutuação para compreender a vida do paciente, o que ele quer comunicar, mas ao mesmo tempo podermos ser precisos, clarificar mais. É uma questão individual, é uma questão de pensarmos a relação analítica e não só a formação, mas a relação analítica em termos de caráter intrapsíquico, de caráter interpsíquico, algo que pudesse, não digo tornar mais rápidas as análises, mas não as encompridar demais. Eu já tive entrevistas com pessoas que disseram: "Não, não quero análise porque não quero ficar aqui quinze anos. Tenho um tio que está há vinte anos".

JORNAL – Mas podemos perceber que, algumas vezes, esses vinte anos de análise estão ligados a uma infantilização demasiada do paciente.

MYRNA – Existem teorias que de algum modo discutem a regressão como uma coisa necessária e outras, não. A diversidade teórica não implica apenas inventar uma nova metapsicologia, cada um vai fazer a sua. É um pouco o que está acontecendo. Cada vez mais, há uma formação muito fechada de cada teoria, e em algum momento vai ter que aparecer algum pensamento sobre essa complexidade que é a mente humana, e a complexidade teórica que ela está promovendo, senão cada um vai ficar no seu canto e pronto. Vai estar em jogo o fato de que essas teorias defendem implicitamente formas de relação analítica, defendem formas de conduzir uma análise, colocando em questão não apenas um conhecimento teórico sobre a psique, que é o que eu acho importante.

Isso implica a possibilidade de se conversar sobre as formulações analíticas dentro das sessões de certa teoria, dentro do Instituto, no sentido de uma formulação crítica. Não crítica no sentido de falar mal, mas crítica do que cada teoria promove em termos de *setting* analítico, na medida em que estaria explicitada uma série de pressupostos.

Jornal – Eu estava pensando na Jornada, na qual foram discutidos modelos de formação: o tradicional, o francês, que é menos autoritário e que tem a ideia de um candidato talvez menos regredido, menos infantilizado. Fico pensando que temos uma história no nosso Instituto que foi uma conquista: a de que os próprios candidatos pudessem opinar sobre a sua própria formação, escolhendo seus grupos e coordenadores. Se pensarmos que isso já faz parte da nossa história, essa conquista de uma posição em que o candidato é menos infantilizado e busca aquilo que é importante para ele, como vê essa resposta tão inexpressiva de um comparecimento relativamente pequeno de candidatos nessa última Jornada?

Myrna – Vou conversar um pouco sobre essa Jornada, que foi uma proposta da nossa Diretoria de trazer à baila para o corpo societário a existência dessa moção da IPA que visava à liberdade de cada Instituto de decidir um pouco sobre seu próprio destino. Não se trata de discutir o número de sessões de análise didática, até porque a segunda moção deste documento da IPA pede que se espere um ano para a modificação. O que era importante na proposta da Jornada, o que nossa diretoria achou importante, é que a Sociedade tivesse a oportunidade de se manifestar a respeito desse assunto. No nosso entender, precisávamos fazer uma jornada para que esse assunto não passasse despercebido. Não vou jogar embaixo do tapete uma situação que está sendo vista no mundo inteiro. Nossa Sociedade tem o direito de opinar sobre esse assunto, sobre a formação analítica e as possibilidades reais de mudança. E as possibilidades reais de mudança passam pelo regulamento do Instituto e pela votação em assembleia geral; não há como fazer qualquer modificação sem a presença do corpo societário. A própria colocação em votação da moção da IPA terá que ser uma vontade da nossa

Sociedade. E não interessaria a ninguém que o corpo societário fosse representado apenas por dez pessoas ou cinco pessoas que se propõem comparecer à assembleia geral, como está ocorrendo algumas vezes até em reuniões de estatuto. Às vezes, a votação é feita com qualquer número e decide-se o que deve ser feito.

Foi divulgado o material para discussão, foram divulgados os modelos que a IPA resolveu que reconhece. Muito estranho, porque o que vi lá sobre direção de Institutos é que há outros modelos, no Japão se faz análise uma ou duas vezes por semana, na Europa Oriental existem outros modelos. E isso é da IPA. Nós levamos para discussão com os diretores de Instituto a questão da complexidade teórica. O assunto que provocou mais polêmica foi a análise por internet. Há Institutos fazendo análise didática por internet, por *chat*. Não são, portanto, só três os modelos de formação. Será que esses novos modelos vão ser reconhecidos? Então, como é que fica? É uma coisa que chamou minha atenção. Como havia esse modelo de New Orleans, falei: a Sociedade tem que estar a par. Fico muito satisfeita, eu e minha Diretoria, a Diretoria da Sociedade e do Instituto, de ter posto à disposição do corpo societário essa discussão profundamente fundamentada e com toda liberdade. É claro que de um corpo de seiscentas pessoas, porque incluímos os candidatos, que são os maiores interessados nessa discussão, o comparecimento de um número de pessoas bem menor do que a totalidade do corpo docente me chamou a atenção. Se tivéssemos um número mais ou menos significativo, perto de 50% de frequência, poderíamos concluir que a Sociedade está realmente interessada em pensar seus modelos.

Pergunto-me: qual é o significado dessa ausência? Será que o corpo societário não está interessado em pensar a questão da formação? Se não está, posso concluir que é: ou porque está tudo bom do jeito que está, ou porque o corpo societário delega para um número pequeno de pessoas o direito de decidir os seus destinos sem que haja uma participação maior. Quando há essa necessidade de participação maior, como está acontecendo na assembleia de estatutos, as procurações estão nas mãos de mais ou menos dez pessoas. Pode ser este o modelo da nossa Sociedade. Então vamos ver que encaminhamento vai ter para o futuro. Pensamos talvez numa nova Jornada, se for o caso.

JORNAL – Sem pretender responder a sua questão, me parece que, pelo que foi apresentado na Jornada, não está tudo bem e há uma preocupação com a queda da procura pela formação em nosso Instituto.

MYRNA – Eu não colocaria que não está tudo bem porque não há procura. Nós teríamos que ver a situação financeira das pessoas, o ataque à psicanálise nas faculdades, que está sendo muito grande, muito intenso, não só nas farmacológicas. Dentro das correntes psicológicas também está havendo um ataque sistemático.

JORNAL – O Instituto e a sociedade precisam de alguma forma levar em conta e tentar responder ou refletir sobre essas críticas. Não sabemos se vamos conseguir, mas é preciso pensar sobre estas questões, pois afinal o Instituto quer formar analistas e se propõe a fazê-lo.

MYRNA – Sim, no Rio, naqueles grupos que têm quatro ou cinco candidatos que procuram formação, estão se propondo, não sei bem em qual Sociedade, a ir nas universidades e conversar com as classes. Aquilo que estávamos falando do fascínio da psicanálise agora vai ter que passar para o oposto, termos que ir em busca de interessados.

JORNAL – Penso que se a psicanálise puder mostrar no cenário intelectual, no cenário cultural, a sua importância, se a produção do conhecimento psicanalítico puder ser mostrada de alguma forma, veiculada, isso seria uma forma de revitalização.

Myrna – Acho que isso sempre existiu, desde a década de 1970 foi todo um *boom* da universidade na França, aqui talvez um pouco depois.

Jornal – Estou falando de mostrar a produção da Sociedade de Psicanálise para fora, de mostrar mesmo o que se produz.

Myrna – Você fala por meio de publicações? De livros que estão sendo feitos.

Jornal – Sim, mas acho que é uma questão muito mais da psicanálise de apresentar com um certo cuidado e um certo rigor. Otto Kernberg em seu trabalho "Crítica comprometida à educação psicanalítica" faz uma colocação que pareceu muito oportuna. Diz ele:

> *A negligência sistemática à formação em pesquisa e ao desenvolvimento de uma atividade de pesquisa é um problema importante da educação psicanalítica contemporânea, refletindo uma perigosa falta de preocupação pela reputação científica da psicanálise no mundo que nos cerca. É preciso salientar que a pesquisa psicanalítica inclui um amplo espectro de investigação variando desde a pesquisa clínica na situação analítica até a crítica acadêmica aos conceitos psicanalíticos. Desde pesquisa hermenêutica buscando aplicação clínica de modelos conceituais, até pesquisa empírica dentro e fora da situação analítica. Pesquisa como um amplo espectro do pensamento e das atividades sistemáticas fomenta o progresso do conhecimento psicanalítico e sua aceitação no mundo intelectual.*

Como a senhora vê essa crítica de Kernberg? E como nosso Instituto vem pensando?

MYRNA – Não sei se eu poderia falar muito profundamente sobre esse termo. Tenho a impressão de que, desde que Kernberg escreveu, parece que está havendo uma preocupação com a pesquisa psicanalítica dentro da nossa Sociedade. Há até mesmo uma comissão de Pesquisa dentro da Sociedade. Agora, há muita diversidade de opiniões não só sobre o que é pesquisa em psicanálise, mas mesmo se deve haver pesquisa em psicanálise. Se essa pesquisa não seria algo mais ligado aos esquemas acadêmicos, como a pesquisa de natureza qualitativa. A pesquisa quantitativa parece que não traz muito desenvolvimento. Não sei, não tenho muita informação sobre isso, nem vejo que a própria psicanálise possa criar a sua pesquisa, além do que é a própria sessão analítica. Parece que há métodos de pesquisar os efeitos que a psicanálise fez dentro do paciente, acho que vi isso lá no Rio. É um tipo de pesquisa tentando esclarecer por meio de questionário, não quantitativamente, os resultados que você sentiu dentro de você por ter feito uma análise.

JORNAL – A este respeito, considero muito interessante a proposta da Comissão de Pesquisa e Universidade de nossa Sociedade. Esta comissão defende a pesquisa com o método psicanalítico. Entende que a empiria do analista é sua clínica e que os melhores resultados na exploração da psique foram conseguidos com o método psicanalítico. Por que, então, não o reconhecer como instrumento válido de investigação e de produção de conhecimento, e apoiar seu desenvolvimento?

MYRNA – Mas isso é o que vem sendo feito em psicanálise desde que Freud escreveu pela primeira vez.

JORNAL – Mas, veja, a nossa questão aqui é a seguinte: qual a preocupação que o Instituto tem com essa questão para os seus candidatos. O que se tem feito neste sentido?

Myrna – Claro que dentro dessa teoria, como você está apontando, há uma preocupação na medida em que são pedidos trabalhos escritos, relatórios de supervisão, trabalhos da Sociedade, que vai desenvolvendo sua própria produção científica. Consideramos estas formas como pesquisa em psicanálise. Caso a pesquisa deva ser feita dentro de outras metodologias, não há no currículo do Instituto seminários específicos obrigatórios sobre esse tema.

Jornal – Mas nós temos que usar a metodologia que é adequada ao nosso objeto de estudos. A pesquisa com o método psicanalítico e não com outro.

Myrna – Mas penso que está sendo usada. O que está em jogo é se isso vai ser reconhecido pela comunidade científica em geral. E o que a comunidade científica em geral está fazendo é nos atacar muito violentamente. Vocês não leram o artigo que saiu há pouco no jornal? Um ataque pessoal a Freud, que a psicanálise é algo que não faz parte dos padrões científicos.

Jornal – Dos padrões da ciência positivista, que não é a única maneira de se pensar produção científica.

Myrna – Tenho a impressão de que a psicanálise passa ilesa por esses comentários, mas não sei se como profissão. Acho que o que está em perigo não é a vida intelectual da psicanálise, já que ela pode ser considerada com uma aquisição extremamente enraizada dentro do pensamento do século XX, século XXI. Como ela vai se tornar uma teoria psicológica acadêmica, com vistas a poder resguardar futuros desenvolvimentos, e como a contemporaneidade do futuro vai lidar com ela, é uma questão. Uma vez escrevi para uma Bienal sobre meu robô e o seu menino, que redescobre a psicanálise, pois ela fala da verdade e dos desejos humanos.

Jornal – A respeito desse questionamento sobre o prosseguimento ou não da profissão de psicanalista, a senhora articularia isso com as dificuldades atuais de busca, de baixa procura pela formação? As pessoas procuram formações menos custosas ou seria a própria questão da sobrevivência da profissão de psicanalista que estaria em questão?

Myrna – Aí entramos na dinâmica das satisfações narcísicas, se ser analista vai corresponder a uma expectativa de possibilidade de sobrevivência. No entanto, parece-me que, ainda assim, ela vai tender a persistir como um conhecimento científico. Este prossegue existindo.

Nós estamos falando de procura por psicanálise, mas, se você for nas universidades, a procura pelas ciências básicas é muito pequena. O número de alunos que fazem Matemática ou Física diminuiu.

Agora, pensando no ofício de analista, a identidade de analista é outro assunto que seria muito rico se pudéssemos discutir junto com todo o corpo societário. Quando se vai pensar numa transformação, numa mudança, logo se fala que se vai perder o padrão de qualidade, quando o que está em jogo não é isso. O que está em jogo é como transformar uma situação sem perder a sua própria identidade, como o movimento que fazemos dentro da própria análise: eu promovo transformações dentro de mim para me tornar alguém cada vez melhor dentro de mim mesma. Então uma instituição deveria ter espaço para essas mudanças. Claro que tem um limite: a partir daqui eu não posso abrir mão, isso é tão básico que não posso abrir mão. Para uns, é o número de sessões, para outros, como Lacan por exemplo, era o inconsciente que não estava restrito a esse tempo, era o tempo lógico etc.

Jornal – Acho que esta é a questão mais importante, que a discussão não seja orientada por uma questão política, mas pela qualiade da formação do analista.

Myrna – É aí que entram as complexidades teóricas, as questões metodológicas. Precisamos ter confiança nas formações analíticas de nossos membros, senão entramos num círculo vicioso. Se você seguir essa teoria você é analista, se você seguir outra teoria você não será. Qual será essa dinâmica dentro da Sociedade? Porque essa é a tragédia do ser humano, por onde eu passo o anel da confiança. No último Congresso da IPA falou-se sobre a necessidade de passar pela avaliação. Como vamos avaliar um candidato? Pela complexidade da nossa Sociedade cada candidato tem o direito de escolher os seminários teóricos que acha que vão ajudar a entender o trabalho dele. Houve época aqui na Sociedade que, conforme as pessoas que faziam parte de uma banca, você era reprovado, e, se você chamasse outras pessoas para a banca, estas aprovavam. Tivemos que reconhecer que estava havendo uma situação que teria de ser discutida. A solução foi fazer uma avaliação particularizada. Outro dia foi relatada para a Comissão de Ensino uma pesquisa feita com os candidatos e com o corpo docente sobre o currículo. Havia pessoas que colocavam que teria que ter mais Bion, outras mais Melanie Klein e outras que perguntavam: por que não tem a obrigatoriedade de Winnicott? Por que não tem a obrigatoriedade de Green? Por que não tem a obrigatoriedade de Meltzer? Como são autores que estão sendo mais estudados, então deveriam ser obrigatórios. Não sei o que a Comissão de Currículo vai propor, mas isso seria infinito, um currículo de autores.

Jornal – Talvez isso se aplique melhor à questão dos seminários eletivos.

Myrna – Tudo bem, mas agora tem tantos eletivos que estão pedindo obrigatórios. Nos eletivos também se formaram guetos. A questão sobre a qual os pensadores da psicanálise deveriam se debruçar é se cada teoria é uma psicanálise diferente da outra, e então teríamos várias psicanálises, ou se deveríamos estimular um diálogo entre elas, visando a uma síntese.

Jornal – O interessante nesse ponto é a proposta de Fabio Herrmann, que defende a invariância do método psicanalítico nas diferentes escolas ou sistemas e a importância de conhecer todas elas.

Myrna – Então, você lê todas as teorias, eu leio todas as teorias, muita gente lê todas as teorias, mas para um currículo fica muito complicado. Ninguém quer que se tire esse caráter de multiplicidade de autores, mas é uma situação difícil.

Jornal – E rica.

Myrna – Quando fiz filosofia havia duas cadeiras de filosofia: a história da filosofia, em que se estudavam autores, e a cadeira de filosofia geral, em que se estudavam temas próprios da filosofia, sempre em aberto para serem pensados. Pode ser que um dia se chegue a isso na formação psicanalítica. Isso diz respeito muito também à formação, à procura de candidatos, à procura dos consultórios. Tudo é muito complexo. Por isso penso ser esse tema, a diversidade teórica na formação de candidatos, muito importante para ser discutido quando se pensa na formação dentro do Instituto.

JORNAL – Em uma conversa que tivemos durante a passagem do Corpo Editorial do *Jornal de Psicanálise* anterior para este, a senhora nos falou de sua preocupação com a formação teórica do analista, mais precisamente se questionou sobre o impasse entre a coerência *versus* diversidade entre as teorias, propondo como o objeto, a mente humana, é capaz de fornecer teorias. E ainda em como as teorias sobre o objeto constituem o objeto. Achamos que essas preocupações são bem atuais e importantes para a formação do analista, assim gostaríamos de saber como essas questões podem ser contempladas na formação do analista em nosso Instituto.

Myrna – Vocês me fazem as perguntas que eu também me faço. Foram levadas para o Congresso da IPA essas duas questões, uma que era minha, sobre a diversidade teórica na formação do candidato, e outra do Julio Frochtengarten, que também achei muito importante, que era sobre a clínica do Instituto e a clínica do candidato, a análise didática que o candidato recebe e a análise que ele faz em seu consultório. Qual é a oportunidade que ele tem de usar em seu consultório o que aprende aqui? É um pouco o que vínhamos falando, sobre como se pode aprender as novas patologias. Esse seria um tema para reflexão dentro Instituto, a contemporaneidade. Até agora estava tudo muito bem, obrigada, com Freud, Klein, Bion. A situação da abertura dos currículos para os cursos eletivos foi em decorrência de uma grande demanda de outros autores, que a Sociedade não contemplava. Contemplava caso se convidasse alguém para falar de um assunto específico, mas o currículo se matinha mais ou menos fixo em Freud, Melanie Klein, Bion e mais três eletivos. Com a demanda de outros autores, cursos eletivos foram abertos e eles entraram no currículo. Quando entram, claro que entram com todos os seus pressupostos teóricos, a sua forma de pensar a relação analítica, a vinculação com a formação dos Institutos. Como uma ideologia, uma filosofia sobre o que é ser analista. O que acontece a partir de então? O que deveria estar ocorrendo, discussões científicas, está um tanto dissociado: convida-se um autor para uma mesa-redonda, e nunca é mesa espontânea: o que você pensa disso, o que vamos fazer com isso? Talvez seja uma impossibilidade dentro das diversidades. Nós temos uma riqueza de conhecimento teórico que nunca foi utilizada para criar um corpo capaz de pensá-las na sua articulação, e que não fosse uma síntese idealizada. Pode ser que para o futuro aconteça, mas provavelmente vai ficar para aqueles que querem se debruçar sobre uma pesquisa teórica, no sentido de verificar melhor, em cada teoria, o que corresponderia a uma semelhança com uma outra. Em relação ao Instituto, penso que deve passar pelas indagações de cada coordenador, indagações sobre o que pode ser apontado para cada candidato que lê. Essa nossa conversa vai ser uma entrevista publicada e os candidatos vão ler; pode ser que, a partir dela, alguns se detenham para pensar na própria formação. Do ponto de vista institucional, é claro que, se houver uma vontade de aquietamento, uma só teoria traz sossego.

Jornal – Mas analista não quer sossego...

Myrna – De qualquer forma, vão comprar os desassossegos que aquelas teorias trarão. É diferente de uma inquietação que surge com a conceituação, na possibilidade de investigação. Veja, tem uma leitura do Meltzer, do Green, como seminário eletivo, mas aí já tem pessoas querendo que sejam obrigatórios porque só querem estudar Green, por exemplo. Não sei se vai ser assim. Nosso Instituto ficou muito rico e aberto a novas teorias, e talvez outros Institutos nem sintam isso tão fortemente. Nosso Instituto sempre foi aberto. De qualquer modo, as secretarias do Instituto estão estudando propostas para levar à Comissão de Ensino, da qual depende, em última análise, a efetivação de uma mudança.

Agora, trazendo a minha história de candidato, nós trouxemos o Green pela Associação de Candidatos na década de 1970, e o pessoal está pedindo Green agora. Nós líamos o Green naquela época, pois não aparecia nos cursos, e aí fomos ler outros, como o Meltzer. O curso de criança começou na Associação de Candidatos. Voltando um pouco à Jornada, eu esperava um número maior de candidatos porque essa inquietação vem dos próprios candidatos. Eu tenho a impressão de que as aberturas dentro do Instituto foram trabalho de toda uma geração de candidatos que foram abrindo um espaço de pensamento, não só dentro da instituição, mas também fora de lá, com apresentação de trabalhos de bom nível, candidatos com grande cultura, pois não eram apenas iniciantes. Provavelmente isso que estou comentando aqui é importante que saia no *Jornal*, pois é daí que virá a nova característica das futuras formações analíticas. As instituições são sempre mais demoradas que os indivíduos para se transformar, mas é importante que o candidato possa pelo menos trazer um grau de indagação dentro da instituição, e que tudo que seja formação analítica não seja um dado final, mas seja um dado de partida para reflexão do candidato. Não só que viemos buscar uma formação analítica pronta, mas viemos verificar se essa formação analítica necessita de uma mudança. E como transmitir isso? Achei um dado importante da nossa jornada a sugestão do Marcio Giovannetti de começar a trazer trabalhos científicos em que não esteja em jogo uma situação clássica. Trabalhos científicos que veiculem essa nova forma necessária de trabalhar, como todos nós temos acompanhado. Eu tenho pacientes executivos que telefonam: "Vou para os Estados Unidos hoje, estou faltando à sessão". É uma coisa que você tem que pensar modernamente. Nunca tive paciente que me telefonasse dos Estados Unidos para dizer que teve que viajar de repente.

Jornal – E interpretar isso como resistência é demais, não é?

Myrna – Não interpretar como resistência e considerar o vínculo que está em jogo. Como o vínculo, ultrapassa uma formatação. Poder encarar esse vínculo como extremamente transferencial, porque, se ele está lá e telefona e quer falar alguma coisa desesperada, são esses pensamentos que deveriam aparecer. Achei a sugestão dele muito boa porque também os membros societários, não só os candidatos, todos nós temos pacientes não candidatos que estão aí telefonando dos Estados Unidos, ou presos no trânsito ligando de seus celulares.

Jornal – Em sua opinião, como deve ser a relação do Instituto de Psicanálise com as outras instituições de formação como a universidade, por exemplo? É importante ou não a comunicação e troca de experiências entre o Instituto e a universidade? Se importante, como pode ser realizado este intercâmbio?

Myrna – Essa parte da relação com a universidade é importante, mesmo porque na universidade tem professores que são analistas. Qual é a comunicação e a troca que está sendo veiculada? Como pode ser realizado esse intercâmbio? Do ponto de vista teórico não tem muito problema, são cursos, aulas que são dadas. No sentido de produção científica é que vai estar em jogo o reconhecimento pela universidade de nossa formação. Está em discussão atualmente a possibilidade da formação analítica de servir como crédito para um mestrado. Não sei bem como está essa situação. Uma movimentação de uma única via não interessaria muito para a nossa produção, para o nosso desenvolvimento.

Jornal – Para a universidade é importante ter professores que tenham a prática da escuta clínica, que tenham trabalho como paciente, e penso que para o analista da Sociedade é importante aproveitar a experiência da produção teórica da universidade.

Myrna – Por outro lado, questiono se o rigor de uma tese defendida na universidade é muito diferente do rigor de um trabalho que possa ser apresentado aqui na Sociedade. Vai passar novamente pela possibilidade de reconhecimento de um modo de pensamento que se articula também com outras formas de manifestações humanas, como as artes, por exemplo. Acredito que o fundamental é o analista avalizar sempre o seu conhecimento e prática, qualquer que seja o espaço que ele ocupe.

Jornal – Mas na França muitos analistas importantes estão também dentro da universidade.

Myrna – Mas é onde estão sendo atacados. Porque o que está sendo atacado são os fundamentos da psicanálise.

Jornal – O que houve na França, pelo que pude acompanhar, é o problema do Estado interferindo. É isso que foi grave.

Myrna – Esse é um dos problemas futuros que têm que ser pensados, porque senão na hora que a medicina, ou a saúde, se socializar, o Estado vai ter que dar uma palavra porque é ele que sustenta a Previdência, e é ele quem vai pagar.

Jornal – Acho que é isso que estava sendo discutido [na França]. Qual é a autoridade médica frente a essa palavra final do Estado. O que se levantou foi uma defesa da psicanálise.

Myrna – Eu tinha a ideia de que os órgãos públicos, a Previdência, pagavam as sessões analíticas. O problema da Alemanha era esse com as pesquisas, eles tinham que provar que a psicanálise é um tratamento de saúde. São situações que a contemporaneidade vai trazendo, senão vai ficar sempre no sentido de uma clientela particular. Em algum momento vai ter que entrar essa noção.

Jornal – Lembro-me que, na última conversa que tivemos, você comentou uma coisa que achei tocante, o quanto você acha importante a liberdade de um analista. É esta liberdade que cria a possibilidade de o analista exercer sua função.

Myrna – Eu simplesmente acho que ser analista é uma escolha da qual você não pode escapar. Pode ser que você escolha ser analista, mas ser analista escolhe você. Provavelmente aqueles que se sentem analistas e que querem trabalhar dentro desse campo de pesquisa humana, de conhecimento e terapêutica, necessitem de uma dedicação extrema a pessoas que estão impossibilitadas, naquele momento, de se exercer como seres humanos mais integrados, mais felizes. É necessária uma dedicação extrema para transmitir um conhecimento deste nível para as pessoas que nos procuram. Dedicação daqueles para aqueles que também um dia perceberam uma veracidade intrínseca naquilo que vivem nas suas análises e necessitam principalmente de uma grande coragem para poder enfrentar as intempéries, principalmente no momento contemporâneo, as dúvidas, os ataques, as situações de turbulências.

Acho importante dentro do nosso Instituto e estamos conseguindo, um pouco mais, um pouco menos, atrair pessoas que queiram ser psicanalistas. Acho que a Sociedade mantém esse barco velejando no mar, esse barco buscando um porto seguro, como escrevi uma vez, buscando sempre lugar para novas mentes que vêm buscar uma formação. É isso que eu poderia colocar, na medida em que cada estudo, cada seminário, cada história de vida faça algum sentido, não onipotentemente. Muitas, muitas histórias mesmo aqui dentro não vão ser tão satisfatórias, outras serão mais importantes, algumas terão as suas consequências mais arraigadas, outras passarão em brancas nuvens. De todo modo, acho que vale a pena continuarmos juntos trabalhando para que isso possa seguir em frente. Apesar do número reduzido de candidatos presentes em nossa Jornada, vou deixar bem claro que os setenta que vieram trabalharam muito e trabalharam com muito afeto, com muito carinho, muito realisticamente. São poucas pessoas, mas são de um valor extremo e de uma capacidade de dedicação à nossa Sociedade que tem que ser reconhecida explicitamente. Agradeço a essas pessoas que vieram e que contribuíram com suas ideias para pensar o Instituto daqui para a frente. Agradeço principalmente a vocês pelo convite para essa conversa. Espero que tenha correspondido ao tema que vocês estão buscando e que vocês quiseram discutir mais amplamente.

JORNAL – Nós é que agradecemos sua entrevista, que, temos certeza, vai interessar a todos que se preocupam com a formação do analista em nossa instituição.

Referência

Kernberg, O. (2005). Crítica comprometida à educação psicanalítica. *Jornal de Psicanálise*, *38*(69), 95-129.

Parte IV

Reflexões psicanalíticas

13. Autoritarismo: fatalidade psíquica?[1]

Há um saber e um falar que eu chamo de "psicanálise". Que machuca e dói, mas que muitas vezes se transforma num raro e fino prazer. É o que resulta em nós quando há uma escuta possível. É o você em mim. Na linguagem da moda, é o outro que me revela e me descobre.

Frequentemente se inicia com uma mãe. Algumas vezes surge do encontro com um cidadão ou cidadã que se nomeia psicanalista. Posteriormente acontece em qualquer lugar.

Os outros são vocês. Ou eu em vocês. Sem autoritarismos, sem violências, sem poder. Sem "poder"? Barthes, em sua *Leçon*, diz que é impossível porque não se trata do discurso do poder, mas do poder do discurso, que está inserido na própria palavra. A palavra que surge como o substituto do prazer arcaico, o prazer simbólico eludindo à grande tragédia da ausência. Por isso falamos, e já que falar é preciso, é em tons de história que vou narrar certas

1 Uma versão deste capítulo foi publicada anteriormente em *Alter: Revista de Estudos Psicanalíticos*, *10*(6), 101-106, 1980.

reflexões, certas inquietações que me acontecem desde que um senhor chamado Freud resolveu falar das suas. E todas as histórias têm que ter um título.

Como vocês percebem, trata-se da história do superego. Entidade necessária e autorizada em nós, precipitado da repressão dos instintos, cerceador dos amores proibidos e das agressões catastróficas. Moral inconsciente. O filho da morte, sim, porque esta é uma história de vida ou morte, mesmo quc vida seja apenas o caminho individual, singular, que cada um tem o direito de seguir até encontrar seu próprio desfecho.

A postulação do conflito entre Eros e Tânatos e suas estranhas consequências no pensar dos homens e no pensar o homem. A batalha dos dois gigantes, no dizer de Freud. E representados no indivíduo. E de Franke, a necessidade, o mundo exterior imbricado na luta.

Eis, pois, que de amores incestuosos e de ódios temidos surge o superego, o outro instalado em nós com sua linguagem de poder. Que nos submete e nos obriga a buscar novos rumos. A repressão atuando como defesa de um ego frágil e encontrando uma saída honrosa: a identificação. Eu sou o outro. A fatalidade de uma renúncia ao prazer do sexo e da morte como condição de pensamento, de sobrevivência, de procriação de gente e de ideias.

Contudo, estudando as neuroses obsessivas e a melancolia, após sua inclusão de Tânatos, Freud vai falar do superego como "cultura pura do instinto de morte". Vemos, pois, a incrível fragilidade da defesa. Instaurado como baluarte contra os impulsos destrutivos, o superego acaba se transformando no reduto inexorável desses impulsos. Volta-se contra o próprio ego, atingindo as formas mais virulentas de destruição, até o suicídio. Mas é necessário supor que ele deva se instaurar. A pulsão de morte silenciosa, da qual a destruição é apenas um de seus representantes ruidosos (como diz Ricoeur), é muito mais extensa que isso. Ela está na "compulsão à repetição, na volta ao inorgânico, na necessidade de retorno ao estado inicial, de repouso" que Eros quebrou. Instaurando topicamente um reduto interno da morte, Freud parece nos dizer que é função do aparelho psíquico encenar uma luta ativa, entre adversários distintos, iludindo assim, pelo espaço de tempo de uma vida, a entrega passiva, a repetição compulsiva, a morte em vida. A luta ativa, perdida para muitos, não seria a consciência moral, a construção de uma ética, como propôs Sartre ao final?

Estamos em plena filosofia, o que não é nosso objetivo. Mas as perguntas permanecem, porque ser analista é o meu jeito de ser no mundo. Será Eros apenas o direito de se lutar para se ter a própria morte? E isto não é tudo? E o que o faz lutar mesmo sabendo que o desfecho já está decidido de início? O que o faz construir pessoas, ideias, pensamentos, ciências, artes, cultura, enfim. No fundo, o que é o homem e o "porquê" da existência. Sem respostas. Porém, o que é mais importante permanece, porque será sempre o grande lance que estará em jogo: as construções dos homens devem ser preservadas?

Mas continuemos. Sabemos também, com Freud, que o funcionamento único do princípio do prazer levaria também, irremediavelmente, à morte. Simplesmente nem seríamos, porque o desejo não poderia se instalar. A serviço do prazer é necessário colocar em jogo o princípio da realidade, o único que poderia trazer a satisfação possível. Talvez tenhamos encontrado uma palavra-chave: a satisfação possível, contra a irredutibilidade da demanda do desejo. O desejo plenamente realizado seria a morte de si mesmo. A dialética do desejo exige a insatisfação para que possa promover todas as infindáveis peripécias do que chamamos vida, "como se" fosse possível, alguma vez, chegar a realizá-lo. O objeto do desejo é o fim perdido, para sempre perdido, quem sabe desde sempre perdido, mesmo antes que um bebê perca o seio de sua mãe ou renuncie a ela como um objeto sexual. Estas perdas talvez personifiquem "a perda". Mas qual? A do estado inorgânico? Já disse que não é hora de filosofar, mas as perguntas surgem quando ouvimos o outro se expressar, ou silenciar. Não quero também responder com teorias prontas. Quero apenas continuar pensando e poder falar de como uma "metapsicologia", pensada por Freud, se expande e se interpreta e se re-interpreta no pensar de cada um. É o discurso que se desenrola a partir de outro, mesmo que não haja motivo algum para que isso aconteça, a não ser que o meu prazer de lhes falar seja algum motivo possível. Acredito que sim. Algo se cria e não apenas se repete mesmo que esta criação seja apenas o meu jeito de falar de coisas que vocês já conhecem.

Assim, o "simbólico", o herdeiro da morte, da perda, da ausência atua Eros e se põe em luta contra sua própria ascendência. Construindo o homem e o que ele pode reinterpretar na sua luta contra a morte em si. O processo simbólico, que se transforma em vida, alimento, ideias a serem propagadas, escapa assim à sua origem e nos mostra a outra face, como quer Ricoeur, o lúdico, o mágico da comunicação comum, a convivência possível. Um novo lance de apostas na partida jogada entre a vida e a morte. Vale a pena preservá-lo?

Até aqui, pois, um fatalismo necessário, permitindo a construção do social. Onde o autoritarismo? Aguardemos um pouco.

Enquanto a psicanálise prossegue seu pensar (eu falarei mais adiante), o pânico se instaura. Estariam então justificadas as guerras, as opressões, as injustiças em nome de uma morte instalada em nós, contra a qual nada poderia ser objetado? Afinal, o instinto de morte promove morte e o prazer da morte. Como então buscar um viver mais justo, mais equilibrado, quando a destruição se torna uma necessidade constitucional? Saindo do terreno individual as conclusões são trágicas.

Mas o suicídio também um risco trágico. E os pensadores do social se alarmam. Será possível salvar apenas Eros e sua arte mágica de prazer e construção? A polêmica surge.

E todos nós conhecemos as grandes reflexões da Escola de Frankfurt. Muitos resolveram a questão simplesmente negando o postulado da morte e criando sistemas de pensamento nos quais o princípio do prazer dava conta das contradições. São inspirados por Reich. Para ele, a compulsão à repetição não provém do instinto de morte, mas pode igualmente tratar-se da repetição na busca do prazer. Reich tenta dar conta de sua oposição a Freud encarando sempre o instinto de morte como uma "hipótese especulativa", mas busca obsessivamente na experiência clínica elementos que afirmem, o tempo todo, a sua negação. É com saber e desespero que tenta opor-se a essa possibilidade, e não simplesmente negando-a teoricamente como outros o fizeram. Sua teoria da genitalidade e do "prazer do orgasmo" é colocada com tal ímpeto, tal força, tal necessidade que poderíamos nos perguntar por que a morte não pôde entrar no seu universo mental e teve que permanecer à sombra, fazendo-o seu intérprete pessoal. Não desconhecemos o destino de Reich. Declara insano o inimigo. É preso e encarcerado. E morre. Vale a pena relê-lo.

É com Marcuse que a dualidade vida e morte reaparece em termos que podem ser pensados numa categoria social. Adotando a psicologia freudiana, vai procurar apenas aqueles elementos (na sociedade industrial) que transformam a luta entre Eros e Tânatos numa luta desigual, ou seja, aqueles elementos que promovem a morte adiantada, desnecessária e injusta por um incremento, um "a mais" nas forças repressoras, necessárias e inatas, dos processos psíquicos. Busca estudar o autoritarismo fora do indivíduo, como uma patologia do superego social. E busca socialmente libertar Eros, excessivamente reprimido, para torná-lo mais capaz de se opor a Tânatos. É a crença efetiva na possibilidade disso, o que, em Freud, era a grande dúvida. Marcuse tenta responder, nos parece, à última questão proposta por Freud no último parágrafo do "Mal-estar na civilização": "agora só nos resta esperar que o outro dos dois 'Poderes celestes', o eterno Eros, desdobre suas forças para se afirmar na luta com seu não menos imortal adversário. Mas quem pode prever com que sucesso e com que resultado?" (pp. 170-171) – essa última frase foi colocada em 1931, quando a ameaça de Hitler começava a se evidenciar.

Bem, não podemos nos deter aqui porque o tempo passou, e o nosso lance de apostas tem que levar em consideração as vicissitudes atuais da partida.

Por um lado, o discurso psicanalítico prossegue. Melanie Klein, Bion, Lacan, para citar apenas alguns. M. Klein (seria coincidência ser uma mulher?) mergulha de cabeça na problemática da morte. Talvez possamos dizer que como guardiã e intermediária concreta na criação de um novo ser, a mulher possa aceitar a luta contra a morte sem precisar negá-la, escamoteá-la ou derivá-la externamente. Diz uma analista francesa, Michèle Montrelay, que o simbólico, na mulher, não é o produto direto do temor à castração. Os acontecimentos ligados à castração, no que diz respeito à feminilidade, surgem por um esquecimento da feminilidade primária, concreta, plenitude total capaz de dar conta, por si mesma, do prazer, da vida e da morte: o reduto do narcisismo primário. A castração é forjada, para que o simbólico possa existir.

Diz-nos Klein que desde o nascimento existe um ego submetido à angústia de morte, de desintegração, e que utiliza a primeira defesa ao seu alcance: a projeção desta angústia no objeto (seio). Se tomarmos como palavra principal a angústia e não a morte, veremos que o que é projetado é o medo da morte, não o desejo que a mãe morra. É esse medo que a mãe tem que sentir pelo seu bebê, sem, contudo, entregar-se a ele. Ela tem que lutar contra o medo da morte de seu bebê no seu próprio interior e devolver-lhe, a cada cuidado, um medo menor. É o que Bion vai chamar de *rêverie* da função mãe. E os franceses vão chamar o Outro, com O maiúsculo. A função mãe é o campo de batalha da vida do bebê. É o Outro que se oferece à morte e ao medo em lugar de sua cria. É a estranha realização do simbólico, numa concretude dual, corporal, vivenciada. E como todas as batalhas, muitas vezes é ganha, algumas vezes perdida, certas vezes adiada. Como sabemos, muitos bebês sobrevivem, alguns morrem, certos deles enlouquecem.

Acho que, como discurso e prática, a psicanálise e aquele que se intitula psicanalista se oferecem como este campo de luta entre Eros e Tânatos, O substituto simbólico da função mãe. Não haverá mães suficientes em nossos tempos, nem outros substitutos? Sempre foi assim?

Continuemos a pensar. Busca-se em cada análise, aceitando a morte, a linguagem do superego, tornar o grande sentimento inconsciente de culpa o menos cruel, o menos destruidor, o menos "impotente" possível. Por que menos impotente? Porque tenho para mim (e quantos o permitiram corroborar) que o autoritarismo superegoico se instala como representante invertido das vicissitudes de sua impotência. O superego arcaico, sádico, foi, no dizer de Klein, o primeiro produto das fantasias "onipotentes", diante, justamente, da maior impotência experimentada pelo ser humano no seu ciclo de vida. Impotência que foi acentuada se a *rêverie* da mãe, ou se "a violência necessária" da mãe, como diz Piera Aulagnier, não puderam ou não foram capazes de retransmitir o prazer de viver, não permitindo a atuação de Eros e da face lúdica da morte; não permitindo, enfim, o truque da simbolização, o coringa do jogo.

À constitucionalidade inata da morte acrescenta-se a morte real imposta pelo outro (seja física ou mental). Quando a mãe não contém, o ego se fragmenta, diz Bion; se a mãe não reconhece, o discurso se quebra, diz Aulagnier.

Podemos então pensar, mesmo não acontecendo morte ou loucura catalogada, que as figuras primárias têm que se internalizar de uma forma radical, autoritária, na tentativa de ser capaz de dar conta da angústia que o outro falhou em conter.

Temos então a instalação do superego autoritário, que silencia o dilema mortal e que permite ao sujeito eximir-se posteriormente de qualquer modelo de angústia, de qualquer questionamento psíquico, mas às custas de um ego fantoche, obrigado a seguir padrões rígidos de comportamento, e cuja vida mental e emocional parece congelada. O autoritarismo, pois, como fatalidade intrapsíquica, instalar-se-ia no momento da falha do outro, como última tentativa de sobrevivência possível, mas onde já estão perdidos o prazer da convivência, do simbólico, do lúdico. A linguagem que se instaura ou apenas arremeda o falar criativo da própria vida ou vai falar diretamente em destruição, quer seja no suicídio, quer seja na destruição do outro. É uma linguagem repetida de pais arcaicos, que se recusaram a amar e que continuam a falar por aquele que pensa estar impondo sua própria vontade e poder. Concordamos, pois, numa outra dimensão, com o que diz Chauí (1978) sobre o pensamento autoritário, quando o discute em seu estudo das ideologias: "Seria ilusório supor que o pensamento autoritário desemboque numa exigência de obediência, pois este é o seu próprio ponto de partida: precisa de certezas prévias para poder efetuar-se e vai buscá-las tanto em 'fatos' quanto em 'teorias'" (pp. 37-38).

Em nossas palavras, vai buscá-las num simulacro paternal que foi obrigado a se impor e ao qual é obrigado a obedecer para que possa sobreviver, pois perdeu-se a confiança, o respeito e o amor do outro e pelo outro.

Temos, pois, no registro do individual, a formulação interna da dominação-submissão permitindo um arremedo de vida.

Poderíamos passar para uma visão mais ampla? Podemos pensar a vida social não mais como uma mãe promovendo vida, mas exercendo um "a mais" de violência e morte, obrigando cada homem a internalizar um discurso arcaico que só pode ser expresso pela violência ou submissão?

Efetivamente os homens adquiriram o poder de se destruir como um todo. Não mais a vida social como a possibilidade de existência comum diante de um ambiente hostil, mas como um "reduto, uma cultura pura da morte", que pode, como na melancolia, voltar-se contra si mesma. A destruição por uma escolha interna e alienada.

Novamente nos colocamos na posição de Freud em 1931. Será Eros capaz de vencer ou a morte ganha?

Se o logro do autoritarismo psíquico puder ser revelado, talvez haja uma chance contra sua ilusão mortífera. A morte do próprio pesamento, a morte do outro não precisa ser a última saída.

Sartre, em sua última entrevista, falou em esperança; Marcuse, nos seus últimos escritos, acreditou no movimento da mulher, ainda não inserida totalmente nas condições alienantes da sociedade atual, para instaurar uma nova saída; Barthes fala da linguagem amorosa para se contrapor à linguagem do poder; a psicanálise, desde Freud, aponta aos homens o seu descaminho.

Contudo, podemos ter ainda alguma esperança mesmo se alguns grupos feministas trouxerem como bandeira o abandono e a morte?

O aborto e a creche permitirão a existência da mulher como ser autônomo, ou apenas realizarão o que Marcuse temia: sua inserção do lado errado da luta? E como poder pensar tudo isso se o discurso amoroso, como diz Barthes (1977, p. 8), "foi completamente abandonado pelas linguagens vizinhas: ou ignorado, ou depreciado, ou caçoado por elas, cortado não somente do poder, mas também de seus mecanismos (ciências, saber, artes)"?

Será que Eros vai viver apenas no último amor de mãe pelo seu bebê ou no último amor de um analista pelo seu analisando?

Coloco minhas inquietações para vocês. Se foram colocadas em tons de história e de discurso, implicam, contudo, consequências que as extravasam. Mas talvez ninguém queira saber disso. Um arremedo de vida, por enquanto, satisfaz à morte. Cabe a nós falarmos disso enquanto pudermos e se quisermos.

No mais, me detenho para dar a palavra a vocês. Afinal, o real do meu desejo de por aqui falar-lhes se satisfaz no prazer de ouvi-los, se possível.

Referências

Aulagnier, P. (1976). Du secret. *Nouvelle Revue de Psychanalyse, 14.*

Aulagnier, P. (1979). *A violência da interpretação*. Rio de Janeiro: Imago.

Barthes, R. (1977). *Fragments d'un discours amoureux*. Paris: Seuil.

Barthes, R. (1978). *Leçon*. Paris: Seuil.

Chauí, M. (1978). Apontamentos para uma crítica da Ação Integralista Brasileira. In *Ideologia e mobilização popular*. Rio de Janeiro: Paz e Terra.

Marcuse, H. (1968). *La Fin de l'utopie*. Paris: Seuil.

Marcuse, H. (1972). *Eros e civilização*. Rio de Janeiro: Zahar.

Marcuse, H. (1979). The failure of the New Left? *New German Critique, 18*.

Montrelay, M. (1977). *L'Ombre et le nom*. Paris: Les Éditions de Minuit.

Reich, W. (1974). *Psicologia de massas do fascismo*. Porto: Escorpião.

Reich, W. (1979). *A função do orgasmo*. São Paulo: Brasiliense.

Ricoeur, P. (1977). *Da interpretação: ensaio sobre Freud*. Rio de Janeiro: Imago.

Sartre, J.-P. (1980). Entrevista publicada no jornal *O Estado de S. Paulo* nos dias 16, 17 e 18 de abril.

Slater, P. (1978). *Origem e significado da Escola de Frankfurt*. Rio de Janeiro: Zahar.

Winnicott, D. W. (1975). *O brincar e a realidade*. Rio de Janeiro: Imago.

14. À margem de uma tradução[1]

Traduzir um texto é uma tarefa emocionante. É uma oferta pessoal em favor do outro, uma colocação de si mesmo como *alterego* do autor, uma abdicação temporária do próprio pensamento para incorporar, o máximo possível, uma outra esfera de pensamento. Tarefa útil e necessária, para que a área de ação de algumas ideias se amplie e permita uma comunicação que ultrapasse os dois.

Tarefa análoga, eu penso, a uma relação analítica, na qual o trabalho da dupla vai se refletir em muitos outros, visando também a uma área maior de comunicação.

Se vocês concordarem com a analogia, sigam as minhas reflexões. Perceberão que questiono muito e não dou respostas. Apenas relato minha experiência.

Como traduzir? Entendo por isso buscar compreender o significado da obra (para não traí-la) e reproduzi-la sob outra vertente (sem trair a nova língua que vai revestir esse sentido). Mas

1 Uma versão deste capítulo foi publicada anteriormente em *Revista Brasileira de Psicanálise*, *16*(365), 365-371, 1982.

a situação não é tão simples. O tradutor precisa colocar-se dentro do universo do autor, tentando abranger os vários aspectos desse mundo que não é o seu, mas que ele pensa, de algum modo, poder compartilhar. Estão incluídos aí o sentido da comunicação, a língua original com suas leis e seus recursos, o estilo do autor ao comunicar suas ideias etc. Nada disso pode, *a priori*, ser excluído, e o tradutor, por fidelidade, teria de se submeter às leis inexoráveis dessa situação.

Por mais que esta situação fosse desejável (ou possível), não se pode esquecer que este tradutor também é alguém, dono de sua própria língua viva, de seu próprio universo de sentido e de palavras, e com seu próprio estilo.

Ocorrem, então, duas dificuldades:

a) qual a garantia que sua apreensão do texto, daquele universo específico do autor, é a mais correta? Existe uma apreensão que seja correta ou toda tradução é apenas uma das leituras possíveis? Estamos em face, portanto, da questão da interpretação das ideias do texto. O tradutor é um leitor.

b) qual a melhor forma para retransmitir essas ideias? Não podemos deixar de lado o fato de elas serem produto não só do trabalho intelectual do autor, mas também de todo um trabalho emocional, que o leva a usar suas próprias e peculiares formas de linguagem e que acredito serem inerentes ao nascimento das ideias, que as conectam, as ligam e se tornam, por isso, objeto de amor. Está em jogo, pois, a aura emocional do autor na sua obra e que seria útil permanecer na nova linguagem. O tradutor se transforma, pois, em escritor; ele também faz da obra objeto de amor.

Deve-se estabelecer um diálogo com o autor. Na minha experiência (a tradução de uma comunicação científica: "Relação analítica: sistema ou processo?", do doutor Armando Ferrari), foi possível um diálogo real com o autor (que também dominava, em alguma medida, a língua para a qual seu texto seria traduzido), discutindo-se não só a compreensão do original mas também a forma mais adequada de transpô-lo. O resultado foi lido e publicado.

Mas quero colocar aqui os problemas, as questões, ou qualquer coisa que seja dessa experiência em comum e colocá-los no vértice mais amplo da relação analítica. Acho que vale a pena.

Muitas vezes senti a estranheza do autor ao ouvir seu próprio texto reformulado. Algo se perdia ou se ganhava na transcrição, e o próprio autor não se reconhecia mais no seu novo texto. Mas, conhecendo a outra língua, sabia ter de se submeter.

De meu lado, norteando-me pela palavra do autor, buscando a correspondência mais precisa de significado, sentia certo pesar pela delimitação que eu mesma me impunha, no sentido de um controle consciente de não me apropriar do texto e reescrevê-lo a meu modo. Mantinha-me dentro de critérios mais ou menos severos de tradução (não esqueçamos que se tratava de comunicação científica). Sentia o meu estilo se perder e muitas vezes, eu também, tive que me submeter (por honestidade, por reconhecimento do pensar do outro, da forma que lhe era própria).

Finalmente, em alguns momentos, estabelecia-se quase uma coautoria. A transposição de língua criava um texto novo, influenciando o original e, por que não?, recriando certos trechos.

Infelizmente, por escassez de tempo, não foi possível um aprimoramento maior de todos esses aspectos. A tradução não estava em discussão, ou melhor, o trabalho de traduzir não podia ser pensado naquele momento.

E eu pergunto: que texto resultou? Um outro texto que nem o autor, nem o tradutor reconhecem mais inteiramente como próprio, mas que é válido para a utilidade prática que se propunha (a transmissão de certas ideias), ou resultou apenas o esboço precário de um novo texto que poderia ter sido criado pelos dois? Neste último caso, teríamos que enfrentar o problema da personalidade do tradutor que, de algum modo, invadiria o universo psíquico do autor para criar, com ele, um novo texto. No meu caso foi possível confrontar com o próprio autor.

Mas imaginemos que isto não seja possível. Que o autor não conheça a língua para a qual seu texto está sendo traduzido, ou, por analogia (se vocês me seguem), que o autor do texto seja omisso, ou frágil, ou totalmente incapaz de se colocar, e permita, ou obrigue, a decisão a ficar por conta do tradutor. Qual a decisão a tomar?

A minha pergunta, e os que me acompanham podem perceber a analogia, é: qual a melhor "tradução" do universo do outro, quais os limites a serem mantidos para que ambos possam sentir a satisfação da participação comum (incluindo a dor da perda de certas peculiaridades subjetivas), a satisfação de poder ser entendido, ou aceito, ou enriquecido, ou metabolizado pelo outro?

No caso específico que vivi, optamos por renunciar a uma "beleza" de estilo que a língua original permitia, em favor de uma maior clareza e precisão de conteúdo (o que, em geral, se faz em todas as traduções).

Mas eu sabia, se tivesse tempo, poder recriar (em minha língua) uma "beleza" equivalente. Ela seria minha ou do autor? Muitas vezes limitei minha expansão, assustada pelo que ela deixaria oculto da forma do outro, mas com muita relutância. A língua original propunha certas inflexões que eram impossíveis de transcrever, a não ser que eu utilizasse uma liberdade de expressão que já não corresponderia apenas ao universo de sentido das palavras, mas também ao caráter emocional da própria escritura. Enfim, eu sentia ter que me apropriar de um universo emocional para criar um outro. Eu questiono: será que esta "beleza minha", que eu poderia ter introduzido, refletiria só a mim ou teria posto em relevo a que havia no original? Não saberia responder agora. Vou colocar apenas a problemática que penso estar envolvida.

Muitas vezes sentimos que o esforço em traduzir a "beleza" que podemos reconhecer no outro provoca um sentimento de rivalidade, de competição, como se o universo que queríamos em expansão, possibilitando, talvez, uma nova percepção de si mesmo para amenizar o sofrimento, significasse apenas apropriação indébita, em que o outro não pode se reconhecer como detonador desse novo mundo, terminando por se sentir distorcido ou obliterado; ou então, atribui a "beleza" apenas ao tradutor, e acaba por invejar a própria obra que criou no outro. Não se reconhece como autor.

Outras vezes sentimos a dificuldade de ter que reescrever um outro texto, sobre ideias que sabemos não serem nossas; de ter que nos submeter a um outro mundo de emoções para vivê-las e recriá-las do modo mais honesto possível. Pode acontecer, então, de o tradutor sentir-se despojado do que é seu, como se a "beleza" transmitida fosse entendida apenas como a cópia mecânica da linguagem original; sente que sua participação no novo universo criado foi obliterada, negada, e sua doação, não reconhecida. E o cansaço se instala.

Como procurar então a linguagem exata para uma realização comum? Qual a linguagem nova que seria dos dois, e de nenhum dos dois, mas na qual os dois pudessem reconhecer que estão ali, inteiros, lado a lado, sem dúvidas ou ressentimentos, sem inveja ou ciúmes, e capazes de criar algo novo?

Como amar o outro no próprio filho gerado, quer este filho seja uma criança, um livro, ou novo entendimento de nós mesmos?

Como vocês veem, trato agora, ampliando o assunto, não da questão ingênua de uma "doação pura por amor" ou uma "terapia por amor", mas do questionamento mesmo das dificuldades que o ato da doação amorosa cria (qualquer que seja o seu objetivo). É o que Carlos Drummond de Andrade (2012) define melhor do que eu, em seu "Campo de flores":

> *Seu grão de angústia amor já me oferece*
>
> *na mão esquerda. (p. 188)*

São as dificuldades que surgem quando pensamos o amor não mais com a pretensão ingênua e louca dos 15 anos. Louca ou jovem? (Vocês se lembram de *Hiroshima, mon amour*? A heroína diz: "J'étais folle à Nevers", e logo após: "J'étais jeune à Nevers".)

O que está em jogo, sempre, é a "qualidade de diálogo amoroso", em que os ecos pessoais de relações objetais primitivas, profundas, se confrontam com outros ecos, pondo em choque, é evidente, a própria noção de identidade inerente a cada um. Ou, melhor ainda, se o diálogo amoroso se instaura, é a própria desmistificação da noção de "um" que entra em cena, com todo seu universo de angústias persecutórias ou depressivas.

Qual a melhor linguagem possível para que se estabeleça o diálogo amoroso (poderíamos chamá-lo adulto?). Questão difícil a ser respondida.

Querer encontrá-la, formulá-la, reescrevê-la junto com o outro e ter que decidir, a cada momento, pode ser o único norte em nossa bússola. E a cada momento e com cuidado, atravessar a película tênue que nos separa e que nos une, para que não haja, ao final, vitórias ou destruições, mas a criação de uma obra comum.

Como "tradutora" a experiência é sempre mais simples. Mas pode ensinar muito.

Vislumbro que o problema seja menos a opção pela clareza da ideia ou pela beleza do estilo, mas sim encontrar, de algum modo, com esforço, tempo e dedicação, um vocabulário novo, muitas vezes testado, repensado e aceito e com o qual se possa tentar resolver a tensão específica de emoções contraditórias; e o diálogo será, por certo, original.

Mas para isso, o quanto de nós está à disposição? Quanto podemos ceder? Quanto temos que impor? Quanto de cada um está disposto a reconhecer que sempre foi o outro?

A experiência é sempre fascinante. Traduzir-analisar é sempre uma tarefa amorosa. Soltar-se e conter-se, por prazer e honestidade, é o exercício da aprendizagem de uma vivência de humildade necessária para crescer e amar diferente (principalmente sem os avatares da paixão, como bem a descreve Piera Aulagnier em *Les destins du plaisir*).

A tentação da submissão ou do poderio está sempre presente. Mantê-los em um equilíbrio satisfatório é uma tarefa difícil, mas fundamental, para que se estabeleça o diálogo criativo. É respeito e consideração.

E o texto final, fruto de muito trabalho, muita renúncia, muito prazer e muita dor, pode não ser o mais belo, nem o mais claro, mas não será, por certo, uma cópia barata do predomínio de um sobre o outro.

Ele vai ser, realmente, o único texto possível naquele momento, para servir a uma comunicação mais ampla.

E pode ser amado por isso.

Referências

Andrade, C. D. (2012). "Campo de flores". In C. D. Andrade, *Antologia poética*. São Paulo: Companhia das Letras.

Resnais, A. (Diretor), & Halfon, S. (Produtor). (1959). *Hiroshima, mon amour* [Filme]. França/Japão: Argos Films.

15. A dança da vida: algumas observações psicanalíticas sobre o filme *Cisne negro*[1]

Todo mundo tem um primeiro namorado

Só a bailarina que não tem.

Chico Buarque de Hollanda, "Ciranda da bailarina"

Em resposta ao convite para expor algumas ideias sobre esse filme tão falado, vou convidá-los a me acompanhar nestas reflexões, fazendo dele uma oportunidade exemplar para a hipótese que tenho em mente: o adolescente que não se transforma em adulto. Ou seja, a hipótese de que a problemática adolescente não resolvida pode levar ou à mimetização de uma vida adulta, o que implica uma vida burocrática e sem ressonância emocional para os estímulos existenciais, ou, como aparece no filme, à exacerbação de modos de funcionamento mental que seriam próprios da adolescência, mas que já denotam, desde essa fase da vida, o fracasso do desenvolvimento mental e do acesso à realidade: o excesso da utilização

1 Uma versão deste capítulo foi publicada anteriormente em *Alter – Revista de Estudos Psicanalíticos*, *29*(1), 141-147, jun. 2011.

do mecanismo de cisão, a ilusão de onipotência e a fantasia delirante de desejos originados na necessidade impossível de alcançar uma realização não compatível com suas próprias potencialidades.

Vamos acompanhar, no que for possível, neste breve artigo, a saga trágica de Nina, que, jogada como todos nós no corpo de baile da vida, não consegue enfrentar o papel de protagonista de si mesma, a não ser por meio do negativo implícito no seu desfecho – a concretização de sua autodestruição (quer física, quer mental).

Nina, "a doce menina", é apresentada desde as cenas iniciais de seu palco interior, não tão doce, não tão simples, nem tão capaz de realizar o sonho adolescente, conforme as condições e exigências do viver. Sua admiração, inveja, identificação com a bailarina mais velha já nos indica que Nina ainda está presa a uma figura internalizada que ela precisa destronar e que não consegue.

Lida com isso por atos que podemos identificar como os roubos arcaicos fantasiados do interior do corpo da mãe: Nina rouba pequenos objetos (perfumes, batons...) símbolos, para nós, de uma adolescência, intuindo uma vida adulta que ela jamais conseguirá alcançar. Nina estaria fadada a ser, para sempre, "a doce menina em seu quarto cor-de-rosa e sua caixinha de música". Nina estaria vivendo qualquer momento entre a puberdade e a adolescência, fixada em sua busca de perfeição.

No entanto, esse tempo há muito já se foi. Nina tem 29 anos e vai ter que se ver com o desafio, sempre adiado, de protagonizar a própria vida. O colapso acontece. Acompanhamos Nina no último estágio de seu aniquilamento mental por meio da destruição mortífera delirante, passada a ato no seu último delírio: a negação da morte pela realização da perfeição.

Parto, então, da hipótese de que a patologia de Nina, sua desarmonia psíquica, sua "psicotização", pode ser referida àquele momento em que "a doce menina" deveria ter enfrentado "o desafio adolescente" (conforme a nomenclatura de Armando Ferrari, autor no qual me inspiro) de romper com as histórias e fantasias infantis e empreender o longo caminho até a constituição da própria identidade.

Vocês teriam alguma dúvida em seguir comigo nestas observações sobre Nina? Utilizo, aqui, as ideias que me acompanham quanto à compreensão clínica de um ser humano em sofrimento, terminal, no caso de Nina. São algumas hipóteses teóricas pinçadas dentre as inúmeras ideias sugeridas por vários autores, que armazeno dentro de mim e que me ajudam a revelar as diferentes configurações clínicas das quais participo como analista.

Voltemos ao filme. Toda problemática que nos é apresentada nos sugere uma esfera de dificuldades muito conhecidas daqueles que lidam com as vicissitudes da adolescência: 1) a saída da proteção familiar (no filme, representada pela mãe); 2) a relação com o corpo (simbolizada implicitamente pelo "corpo de bailarina", esguio e magro), na qual os transtornos alimentares (anorexia, bulimias etc.) comparecem como indicadores do primeiro real desafio que a puberdade coloca, uma vez que é nessa época que o corpo infantil se transforma e coloca a sua exigência de assunção pelo mental, às vezes incapaz de acontecer; 3) a necessidade de aparecer no ambiente com as performances idealmente colocadas que tendem a refutar as reais capacidades de existência pessoal. Tudo isso é parte de Nina. Ela é bailarina. O corpo perfeito é revelado em suas contradições por meio das "perturbações estomacais" de Nina. Ela, de algum modo, porém, conseguiu o corpo ideal para o que seria sua entrada na vida, o seu apogeu.

Mas algo vai falhar.

Só não falhou totalmente aos 15 anos, parece-me, porque a disciplina "do corpo de baile", representando o desejo materno, ocultou toda a extensa gama da "conflitualidade" adolescente que vai irromper agora, no momento em que está em jogo a escolha da protagonista do balé. Essa busca pelo sucesso vai obrigar Nina a enfrentar todos os demônios internos que ela estava conseguindo ludibriar até então. E vai nos mostrar que ela não aceitou viver as inquietações da adolescência como condição necessária para fundamentar a coragem de protagonizar a própria vida.

Vemos do que Nina fugiu, até agora: do jogo das pulsões (de vida e de morte), criando a falsa ilusão "da doce menina", sem sexualidade, sem ódios; das traumáticas vivências edípicas, ignorando as rivalidades e competições, representadas, fundamentalmente, pela agora ambivalente relação com a figura materna (repressora, sedutora), assim como pela impossibilidade de vínculos horizontais, fraternos, e seus representantes nos colegas de turma, que atenuam, para o adolescente, o terror das perdas das figuras parentais. São eles que ajudam a forjar uma nova configuração de afetos, capaz de servir de suporte no momento em que essas relações familiares parentais são confrontadas e esvaziadas por esse novo ser que deve fazer sua entrada em cena sob a luz dos *spots*: "o adolescente". Estaríamos no momento perigoso do desinvestimento objetal, que, se não for seguido por um reinvestimento, agora em novos objetos, proporciona a impossibilidade de criar novos vínculos.

Nina, poderíamos dizer, encontrou um refúgio na identificação com o desejo materno, configurando uma falsa adolescência restrita a uma performance idealizada. Podemos pensá-la como ainda presa no interior do corpo da mãe, vivendo dentro dessa condição infantil, uma impossibilidade da passagem "do seio ao pênis" (da relação dual para a triádica), o que teria permitido a entrada na realidade pela diferenciação, em época arcaica, dos gêneros masculino e feminino (quaisquer que fossem as vicissitudes posteriores da sexualidade desejante).

Apoio esta minha visão da personagem na questão sugerida pelo filme, em que o pai (a figura masculina) não existe. Não existe no interior da mente materna, o que teria impedido sua pesquisa e descoberta, entre os conteúdos do corpo materno, da existência do masculino, deixando em seu lugar um caráter de negação, de buraco, de vazio. Teria negado, também, à fantasia da menina, a parte criativa do coito e seu produto natural, o feto, impedindo (para Nina, no caso) a relação triádica plena, edípica, e que poderia ter dado um novo rumo à sua sexualidade, supostamente não problematizada na época de suas transformações corporais (o desejo sexual, a revelação potencial de maternidade como significantes da sexualidade feminina). Podemos supor que, uma vez executado o "parricídio" interno, as linhas de ruptura indicariam, já na sua adolescência, a patologia de isolamento e "fuga da realidade".

Nina só pôde viver toda essa angústia (não só no filme, mas também como encontramos, muitas vezes, na clínica de adultos) em um tempo posterior, tempo no qual não é mais possível fugir do papel de protagonista da própria vida, quando ele nos é apresentado. O agir criativo, que é próprio do enfrentamento da adolescência, por sua ausência, não pôde transformar Nina numa protagonista de si mesma. Ela havia, até então, mimetizado o papel de adulta, que, aos poucos, no transcorrer do filme, fica evidente pelo mergulho de Nina no desmoronamento mental cada vez mais explicitado. As defesas se rompem, e as alucinações vão nos indicando as tragédias atuais e antigas da sua vida.

Novamente, chamo para minha companhia todos aqueles que tiveram a oportunidade de presenciar em suas clínicas a vida desses jovens atordoados pelo turbilhão emocional da adolescência: 1) os cortes no corpo ("para me sentir viva", dizia uma adolescente; "para aguentar a solidão e o vazio", dizia outra), com o sangue podendo ser associado a uma experiência de feminilidade traumática, mas que permite uma experiência essencial de existência; 2) o desejo de perfeição e a fantasia da performance perfeita (o excesso de devaneios e sua consequência, o isolamento); 3) o terror dos limites (quer da imagem corporal, quer da realização e do sucesso intelectual e profissional, quer da satisfação sexual ou dos arbítrios da destrutividade), tudo está presente em qualquer análise de adolescentes, o que me leva a aceitar, fundamentalmente, e em concordância com vários autores (Green, por exemplo), que a adolescência, por sua riqueza de estímulos, propõe-se como modelo de aceitação de todas as transformações próprias da vida humana.

Desse modo, posso retornar ao que já escrevi no Capítulo 9, que nada mais resta ao adolescente a não ser enfrentar o desafio da adolescência a fim de armazenar as experiências de crescimento, que podem beirar o perigo e a morte, mas que outorgam o sentimento de confiança na ultrapassagem para uma nova etapa do viver. Caso ele se negue, ou ocorrerá a manutenção de formas infantis do funcionamento mental, ou uma imitação das formas adultas que o obriga a viver nas fronteiras do equilíbrio emocional.

Estamos nesse momento do filme em que a revelação sobre sua impotência de representar o cisne negro (seu lado obscuro) revela a Nina toda a farsa de sua história de vida. A impossibilidade de assumir, diríamos nós, seu lado mortífero, sua sexualidade feminina (ser mulher), assumir, enfim, a dualidade de vida e morte que os seres humanos são obrigados a integrar em sua tarefa do viver, a conduz à catástrofe mental, psicótica, pois não há mais tempo para retornar ao tempo em que essas experiências terríveis de crescimento teriam um caráter de progresso e um destino menos tanático. Nina está no tempo atual, idade adulta, e tem de protagonizar a experiência emocional sem as formas anteriores de ensaio e erro.

Perde-se e perde a vida.

Aproveito para reforçar, aqui, que acredito que toda essa problemática adolescente (extremamente explicitada na clínica contemporânea) faz parte das vivências próprias dessa fase e estabelece, para a mente humana, a possibilidade ou não de fazer seus lutos infantis, de lidar com seus limites, de encontrar recursos para enfrentar as experiências que bordejam o abismo. É assim que rastreamos: 1) angústias claustrofóbicas e agorafóbicas, também corporalmente vividas nas anorexias e bulimias, em que o corpo se esfuma ou se expande como defesa dos terrores mentais persecutórios que a assunção da sexualidade propõe; 2) momentos de intenso sentimento de depressão; 3) a função da fantasia e da ilusão diante do impacto dos limites, comuns na adolescência. É o excesso desses fatores que constituirá as graves patologias e suas defesas catastróficas, como o isolamento e o delírio. Vai caber ao analista discriminar, cuidadosamente, as características que são normais na representação juvenil, sem se assustar com seu caráter provocador.

No filme, todo o exacerbamento emocional é representado pelas alucinações, cada vez mais violentas, criadas pelo desmoronamento mental de Nina. Se seguirmos sua história, veremos que ela esteve sempre aprisionada e ficticiamente protegida no interior de um corpo materno vazio, estéril, ao qual, podemos deduzir, o corpo de Nina não pôde se ancorar para uma identificação feminina plena. Negado, por meio do discurso materno ("foi um erro", diz a mãe), o coito criativo que a gerou, só restou a Nina ser alimentada pela ilusão narcísica de atuar a perfeição delirante. Não há objeto a ser amado. Só lhe resta a emoção de si mesma. Delírio da mãe, delírio da filha, transformando a impotência própria e natural de sua puberdade e adolescência (quando os limites referenciais devem ser estabelecidos) numa onipotência delirante, do corpo perfeito, do gesto perfeito, da dança perfeita, que Nina sempre busca e que não consegue alcançar. A dança, assim como a vida, obriga "a doce menina", a executar o último passo antes da sua desintegração: representar o cisne negro.

Chega a catástrofe final.

A chamada da vida real, a sexualidade compartilhada, o sentimento de inveja e competição, enfim, todo o colorido edípico que inclui a agressividade pertencente ao nosso lado tanático e que visa a certa destruição e triunfo não puderam ser organizados e integrados por Nina para a dança apoteótica do surgimento da mulher plena (o próprio balé retrata essa cisão mortífera entre o cisne branco e o cisne negro), simbolizando a impossibilidade de Nina alcançar a integração equilibrada de si mesma.

As tentativas delirantes e desajeitadas de Nina de alcançar esse apogeu feminino, e sua impotência de viver situações como a masturbação, as drogas, a homossexualidade também presente (quer sejam reais ou alucinadas), desorganizam-na cada vez mais e transformam seu destino final numa dança ritual, sacrificial, diante da plateia materna que a aplaude, como se diz no teatro, delirantemente (é comum ouvirmos dizer, diante de uma belíssima interpretação do artista, que este "levou a plateia ao delírio").

A história de Nina, no filme, é conduzida de tal modo que somos obrigados a acompanhá-la na sua descida aos infernos, sem a ingenuidade de seus parceiros-personagens. Todos acreditam lidar com uma bailarina apenas incapacitada de compor o personagem primitivo, o cisne negro, pois não consegue lidar com suas profundezas arcaicas. Se forem devidamente processadas, alcançariam o efeito da sublimação. Todos se esforçam, para o bem ou para o mal, em trazer sua contribuição para que Nina possa "representar" o seu papel.

Mas é justamente isso que nós, analistas, sabemos ser impossível acontecer. Representar o papel, mimetizar o mal, a sedução, compor a figuração fantástica de um balé seria poder pensá-la como personalidade limítrofe, capaz apenas de falsear o desejo adulto de sexo, violência e morte. Seria, na vida, um caso chamado fronteiriço, e, caso fosse possível, uma péssima bailarina.

Mas Nina não tem esse destino. Ela já nos é entregue em sua fantasmagoria final. Rompeu as fronteiras. Tem que realizar o desejo impossível para o qual nunca se preparou. Foi barrado na adolescência.

Se quisermos pensar o conflito profundo dessa fase da vida, podemos colocar, como sugere Green, a extrema batalha entre o narcisismo e a relação objetal, quando o adolescente tem que se defrontar com a criação afetivo-emocional de uma nova relação consigo mesmo e com o outro. Surge um impasse natural. Ele tenta, às vezes desesperadamente, a saída impossível desse impasse. A batalha se instala para o resto da vida, na qual as pulsões agressivas e destruidoras podem irromper a qualquer momento, e na qual esse novo mundo que deve ser criado, por meio de sua própria potencialidade e criatividade, implica a aceitação de um equilíbrio sempre instável no qual as forças de vida podem, apenas, colorir a integração possível. Luta sempre presente entre Eros e Tânatos.

A perfeição idealizada que Nina busca (prazer narcísico na sua mais alta potência) pode ser pensada como a defesa mais profunda contra sua constituição pulsional mortífera, ancorada, também, em um meio em que a cultura narcísica materna impera soberana.

No filme, esse meio familiar nos é apresentado por meio do delírio de Nina. A mãe extremamente poderosa, capaz de moldar a filha para uma missão impossível, pode representar para nós a mãe internalizada, fruto da falha da configuração edípica. Suas fantasias nunca puderam encontrar a figura paterna, aquela que, dentro de sua função estruturante, teria permitido a aceitação da feminilidade e, talvez, uma condição menos desastrosa.

Nina nos é apresentada na hora de sua agonia, no seu altar de sacrifício, para o qual ela será levada sem que nada possamos fazer. Ela mesma se conduz, por meio do último gesto destrutivo (o suicídio, podemos interpretar).

A morte ritual nos é apresentada no delírio do duplo assassinato: de si mesma e do mundo ao seu redor, em sua alucinação.

Nina arranca-se de sua pele, de si mesma, e dança para nós sua última dança. Perfeita, ela se diz.

Perfeita?

Referências

Favilli, M. P. (2005). O agir criativo: o adolescente que se faz adulto. In *Anais do I Simpósio Internacional do Adolescente USP*. Recuperado de http://www.proceedings.scielo.br/scielo.php?pid=MSC0000000082005000100012&script=sci_arttext&tlng=pt

Ferrari, A. B. (1996). *Adolescência: o segundo desafio* (M. Mortara, trad.). São Paulo: Casa do Psicólogo.

Green, A. (1993). El adolescente en el adulto. *Psicoanálisis de APdeBa, 15*(1).

Green, A. (1994). Punto de vista del psicoanalista sobre la psicosis en la adolescencia. *Psicoanálisis,* (7), 74-89.

Klein, M. (1991). Notas sobre alguns mecanismos esquizoides. In M. Klein, *Inveja e gratidão e outros trabalhos (1946-1963)* (pp. 17-19). Rio de Janeiro: Imago.

Klein, M. (1996a). Inveja e gratidão. In M. Klein, *Inveja e gratidão e outros trabalhos (1946-1963)* (pp. 205-267). Rio de Janeiro: Imago.

Klein, M. (1996b). A importância da formação de símbolos no desenvolvimento do ego. In M. Klein, *Amor, culpa e reparação e outros trabalhos (1921-1945)* (pp. 249-264). Rio de Janeiro: Imago.

Índice remissivo